로제의 빈티지 손뜨개

'한 코 한 코'가 모여 만드는 따뜻한 이야기

김정미 지음

팜파스

좋은 글을 쓰려면 다독(多讀), 다작(多作), 다상량(多商量)이 기본이라고 합니다. 많이 읽고, 많이 쓰고, 많이 생각해야 한다는 말씀입니다. 코바늘이든 대바늘이든 매력 있는 손뜨개의 기본도 이와 같다고 생각합니다. 많이 보고, 많이 만들고, 많이 생각할수록 분위기 좋은 손뜨개 작품을 만들 수 있습니다.

제가 좋아하는 말 가운데 으뜸은 '한 코 한 코', '한 땀 한 땀'이라는 말입니다. 뭔가 묵직하고 진정성이 느껴지기도 하고, 단어 자체에 정성과 사랑이 깃들어 있는 듯합니다. 시간이 걸리더라도 꾸준히 노력하면 결국에는 큰 뜻을 이룰 수 있다는 한자성어 '우공이산(愚公移山)'의 정신과도 같다고 생각합니다. 작은 한 코에서 시작하지만 끝내 나만의 작품으로 완성될 때의 큰 기쁨은 손뜨개를 해본 분이라면 대부분 공감할 것입니다.

손뜨개는 실과 바늘로 떠가는 작업이기도 하지만 반대로 푸는 과정의 연속이기도 합니다. '뜨기의 철학이 있다면 풀기의 미학'도 있는 셈입니다. 며칠 밤낮 정성으로 뜬, 완성을 코앞에 둔 작품을 한두 코 실수 때문에 눈물을 머금고 모두 풀 줄도 알아야 진정 예쁜 손뜨개가 완성됩니다. 지루할 수도 있는 이 '푸르시오'의 과정을 기쁘게 받아들일 수 있다면 내공을 갖춘 고수임에 분명합니다. 오늘도 근사한 손뜨개를 위해 푸는 작업을 다반사로 여기고 과감하게 풀고 계신 분께 이 책이 작은 위로가 되기를 바랍니다.

『로제의 빈티지 손뜨개』라는 이름으로 첫 책을 냅니다. 대부분의 일이 그렇듯 처음은 부끄럽기도 하고 부족한 듯도 합니다. 그럼에도 오랫동안 나름 묵묵히 작업한 내용을 한 번 정도는 정리하고 싶었습니다. '생각하는 손뜨개'를 지향하는 한 사람으로 저만의 손뜨개 이야기를 더 많은 분과 나누고도 싶었나 봅니다. 이 책으로 많은 분께서 손뜨개의 즐거움, 행복한 손뜨개를 공유하는 계기가 되었으면 하는 바람 간

절합니다. 여러분을 쉬우면서도 멋스러움을 지향하는 '로제의 빈티지 크로셰'의 세계로 초대합니다.

손뜨개에서 디자인도 디자인이지만 자신만의 색감을 찾는 일은 언제나 고민거리입니다. 빈티지 스타일과 색감을 살리는 것이 이번 책 작업의 중요한 과제였습니다. 그 과제를 얼마나 잘 수행했는지 여부는 이제 여러분께서 판단해주시리라 믿습니다. 부디 많은 분께서 오랜만에 제법 유용한 책이 나왔구나 하고 공감해주셨으면 하는 바람입니다.

따뜻한 관심과 성원으로 지켜봐주시는 '로제의 바느질닷컴' 블로그 이웃님들 감사합니다. 한결같은 내편 정임, 미경 언니, 진아, 경이, 동갑내기 시누 지량, 귀염둥이 조카 단아, 그리고 양가 부모님과 우리 가족. 고마운 마음을 전할 사람들이 너무나 많습니다. 부족한 사람에게 선뜻 먼저 손을 내밀어 출판이라는 낯선 분야로 이끌어주신 팜파스, 특히 이진아 실장님에게는 감사라는 인사로도 부족합니다.

_ '바느질닷컴'의 로제(김정미)

> **"**
> 이 책을 먼저 하늘나라로 떠난
> 사랑하는 내 동생 주연이에게 바칩니다.
> **"**

PROLOGUE ∞002

BASIC 01 기본 재료와 도구 ∞008

BASIC 02 기초 뜨개 기법
뜨개실 거는 방법 ∞009
코바늘 쥐는 방법 ∞009
원형코 만드는 방법 ∞010
모티브 연결 방법 ∞011

BASIC 03 뜨기 기호와 뜨는 방법
° 사슬뜨기 ∞013
° 빼뜨기 ∞013
° 짧은뜨기 ∞014
° 긴뜨기 ∞014
° 한길긴뜨기 ∞014
° 두길긴뜨기 ∞015
° 한 코에 짧은뜨기 2코 ∞015
° 한 코에 한길긴뜨기 2코 ∞015
° 짧은뜨기 2코 모아뜨기 ∞016
° 한길긴뜨기 2코 모아뜨기 ∞016
° 한길긴뜨기 2코 구슬뜨기 ∞016
° 한길긴뜨기 3코 구슬뜨기 ∞017
° 사슬 3코 피코 빼뜨기 ∞017
° 한길긴뜨기 앞걸어뜨기 ∞017
° 한길긴뜨기 뒤걸어뜨기 ∞018
° 짧은뜨기 뒤걸어뜨기 ∞018
° 한길긴뜨기 5코 팝콘뜨기 ∞018
° 한길긴뜨기 1코 교차뜨기 ∞019
° 뒤로 짧은뜨기 ∞019
° 짧은뜨기 줄기뜨기 ∞019

빈티지 키친(주방) 소품

∞022∞
하트 원형 티 매트

∞026∞
포푸리 커피 잔

∞030∞
식탁 매트

∞034∞
쿠키 바구니

∞038∞
앞치마 겸 미니 커튼

∞042∞
내추럴 그물코 가방

∞046∞
텀블러 겸 보틀 케이스

2; 빈티지 라이프(생활) 소품

∞052∞
플라워 리스

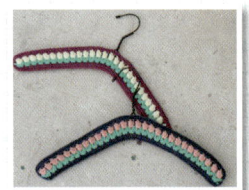
∞056∞
리폼 옷걸이

∞060∞
펜타곤 볼

∞064∞
티슈커버 겸 바구니 덮개

∞070∞
달리아 사각 쿠션 커버

∞074∞
원형 쿠션

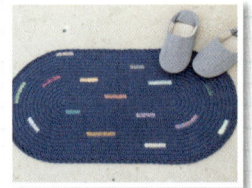
∞078∞
타원형 현관 매트

∞082∞
하트 스툴 커버

∞086∞
건강 물주머니 커버

∞090∞
별과 나무 가랜드

빈티지 패션 소품

∞096∞
삼각 동전 지갑

∞100∞
코르사주 브로치

∞104∞
북 커버

∞108∞
커피컵 슬리브

∞112∞
버블 클러치 백

∞118∞
핸드 워머

∞122∞
빈티지 양말

빈티지 블랭킷 & 러그

∞130∞
베이비 큐트 블랭킷

∞136∞
휴대용 미니 블랭킷

∞140∞
큐브 블랭킷

∞144∞
동그라미 블랭킷

∞148∞
컨트리 스타 블랭킷

∞152∞
헥사곤 러그

BASIC 01
기본 재료와 도구

∞ 뜨개실

뜨개실은 소재 굵기에 따라 또는 계절별·색상별로도 다양한 작품을 만들 수 있는 손뜨개의 기본 재료입니다. 계절이나 작품에 맞는 소재와 색상을 잘 선택하는 것이 중요합니다.

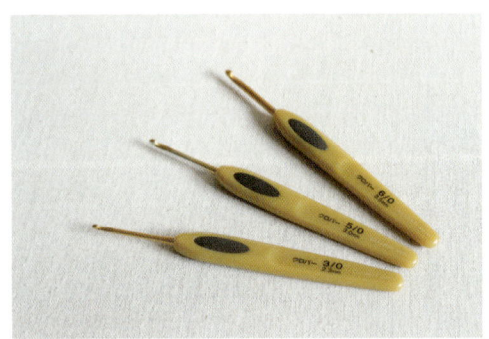

∞ 코바늘

실의 굵기에 맞는 코바늘의 호수를 선택합니다.

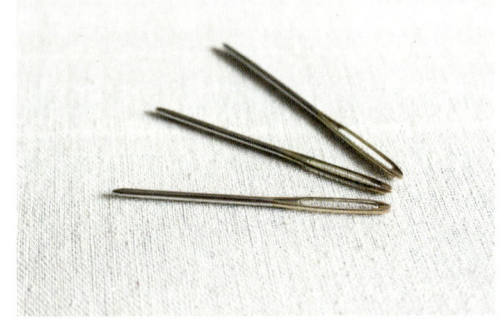

∞ 돗바늘

돗바늘은 앞이 뭉툭하고 바늘귀가 커서 뜨개실을 넣어 작품의 마무리와 모티브를 연결할 때 유용하게 사용할 수 있습니다.

BASIC 02
기초 뜨개 기법

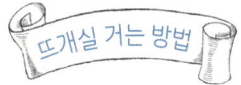
뜨개실 거는 방법

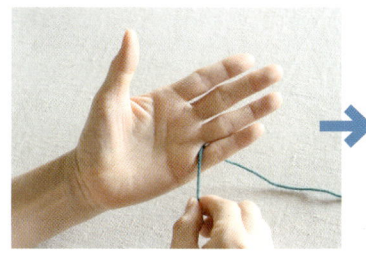  

1. 오른손으로 실 끝을 잡아 손등 쪽에서 왼손의 새끼손가락과 약지 사이에 넣습니다.
2. 약지와 중지를 지나 중지와 검지 사이로 실을 보낸 후 검지에 실을 겁니다.
3. 왼손 엄지와 중지로 실을 잡고 검지를 세웁니다. 실이 느슨한 경우에는 새끼손가락에 한 번 더 실을 감아줍니다.

코바늘 쥐는 방법

 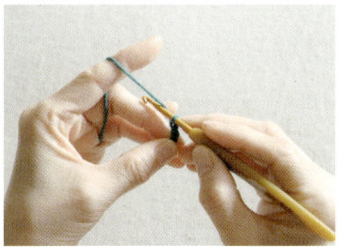

코바늘은 연필 쥐듯이 잡습니다. 바늘 앞부분으로 부터 3~4cm 정도 떨어진 부분에서 오른손의 엄지와 검지로 잡고 중지는 바늘 위에 살짝 올려 둡니다. 왼손으로 실을 잡고 오른손으로 잡은 바늘로 떠줍니다.

∞ 실을 감아 원형코 만들기

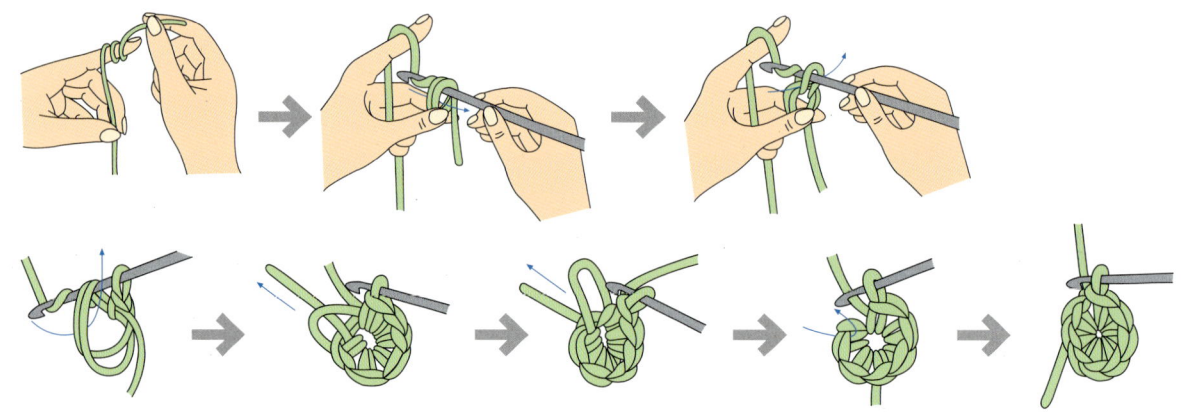

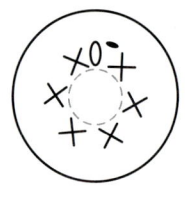

1. 왼쪽 검지에 실을 2번 감습니다.
2. 원 안에 바늘을 넣어서 실을 감아 화살표 방향으로 빼줍니다.
3. 한 번 더 화살표 방향으로 실을 감아 빼줍니다.
4. 바늘에 실을 감아 짧은뜨기를 뜹니다.
5. 화살표 방향으로 실을 당겨 원을 조여줍니다.
7. 첫 번째 짧은뜨기 코에 빼뜨기를 해줍니다.

∞ 사슬뜨기로 원형코 만들기

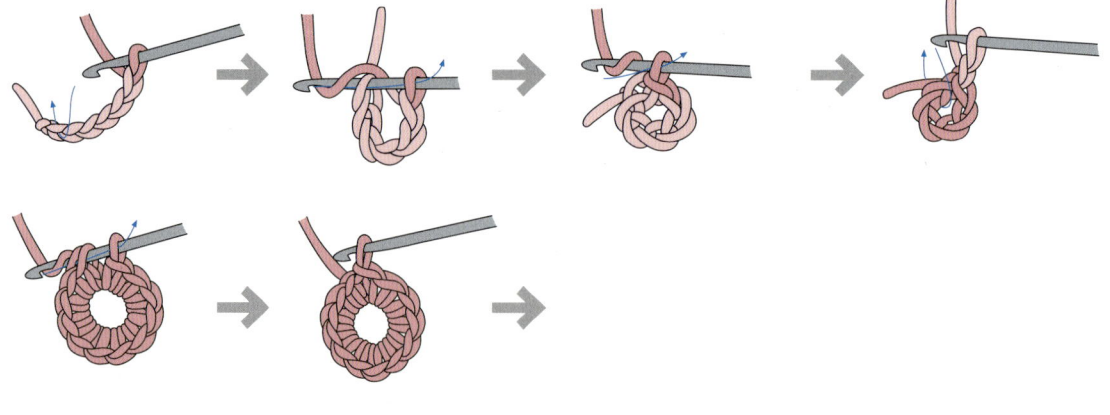

1. 사슬뜨기 6코를 만들고 화살표 방향으로 바늘을 넣어 빼뜨기를 해줍니다.
2. 사슬뜨기 1코를 떠서 기둥코를 만들고 짧은뜨기를 뜹니다.
3. 첫 번째 짧은뜨기 코에 빼뜨기를 해줍니다.

모티브 연결 방법

∞ 빼뜨기로 잇기

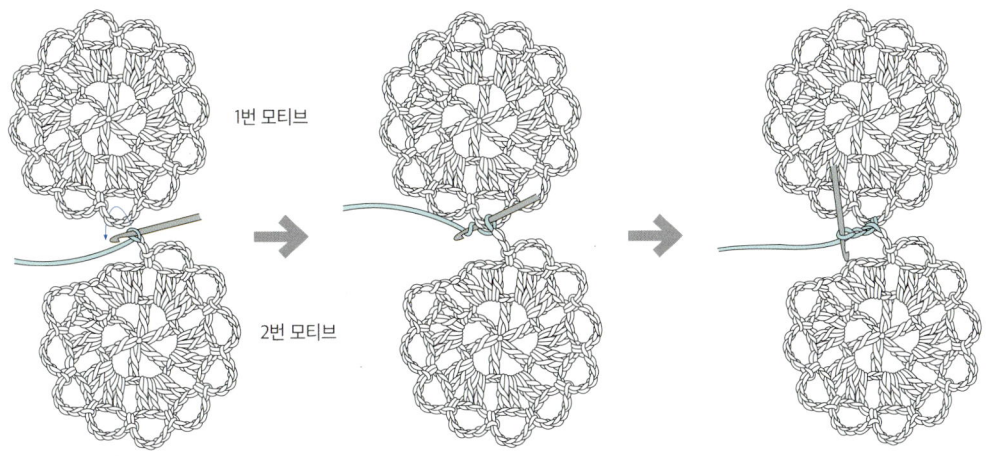

1. 1번 모티브의 위쪽에 바늘을 넣습니다.
2. 바늘에 실을 걸고 빼냅니다.
3. 모티브가 연결되는 것을 확인하면서 계속 뜹니다.

∞ 빼뜨기로 3장 이상 잇기

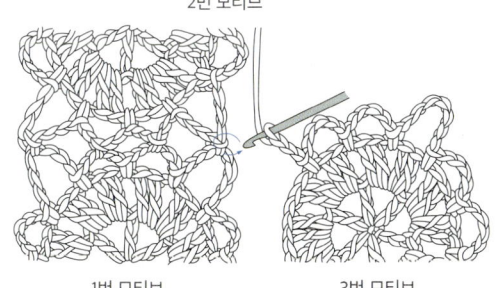

1. 3번 모티브는 1번, 2번 모티브를 이었던 빼뜨기에 화살표처럼 바늘을 넣고 빼냅니다.
2. 빼낸 모습을 확인하면서 계속 뜹니다.
3. 4번 모티브도 1번과 같은 곳에 바늘을 넣고 빼냅니다.
4. 빼낸 모습을 확인하면서 계속 뜹니다.

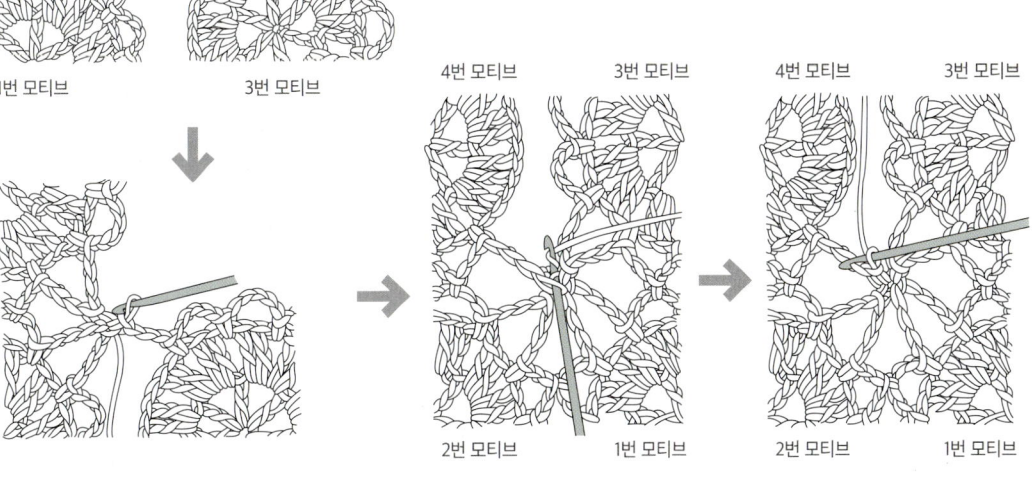

∞ 돗바늘로 한 코 감아잇기

1. 실을 꿴 돗바늘로 그림처럼 모티브를 서로 붙여 한 코씩 꿰맵니다.
2. 화살표 방향으로 한 코씩 넣어 차례대로 꿰맵니다.
3. 다음 모티브로 이동할 때도 실을 자르지 않고 계속 연결하면서 꿰맵니다.
4. 세로 방향으로 같은 모양이 4장 모인 곳은 X자로 꿰매줍니다.

∞ 돗바늘로 반 코 감아 잇기

1. 실을 꿴 돗바늘로 모티브의 바깥쪽 반 코씩을 꿰맵니다.
2. 실을 자르지 않고 다음 모티브로 이동하면서 계속 연결합니다.
3. 같은 방법으로 이어서 4장이 모인 곳은 X자 모양이 나오게 연결해줍니다.

BASIC 03
뜨기 기호와 뜨는 방법

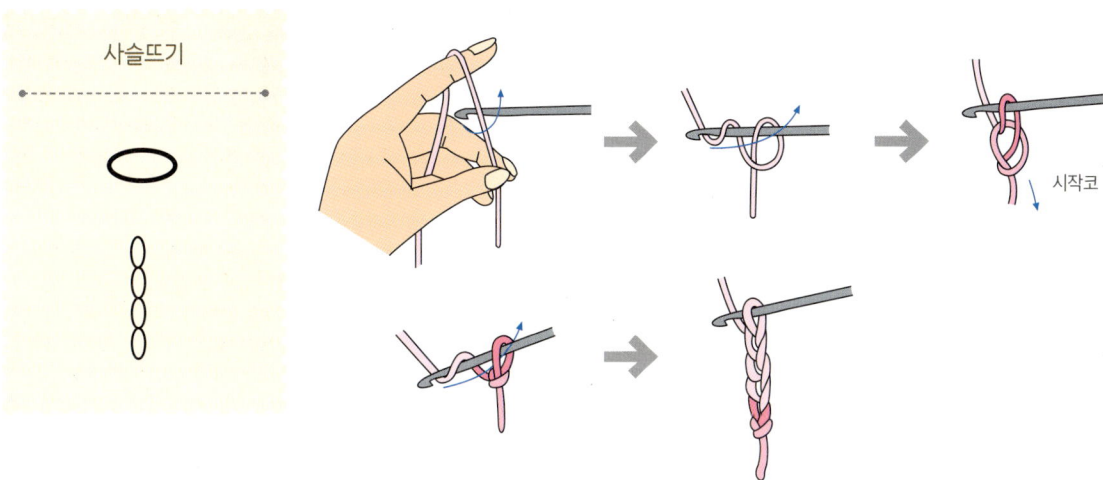

- 왼손의 엄지와 숭지로 실을 잡고 코바늘에 실을 둥글게 휘감습니다.
- 코바늘에 실을 감아 둥근 코 사이로 뺍니다. 계속 반복합니다.
- 이때 시작 코는 한 코로 세지 않습니다.

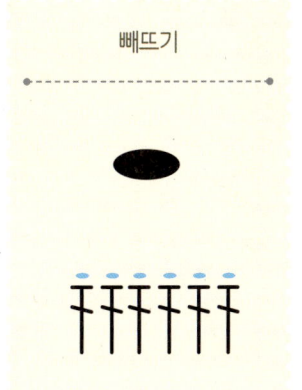

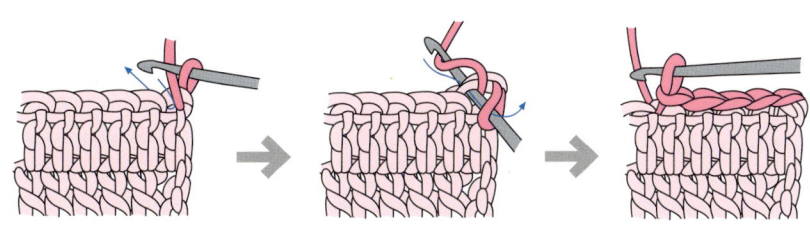

- 바늘을 화살표 방향대로 아래 코에 넣은 후 실을 감아 한 번에 빼냅니다.

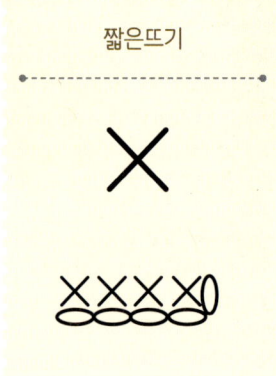

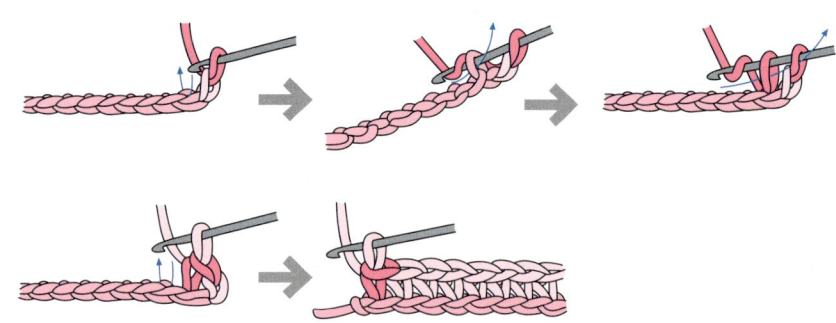

- 사슬 1코 기둥을 세우고 다음 코부터 시작합니다.
- 바늘에 실을 감아 화살표 방향대로 빼낸 후 한 번 더 실을 감아 두 개의 고리를 한 번에 빼냅니다.

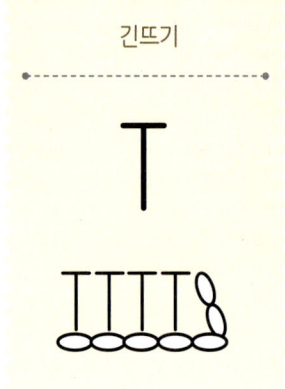

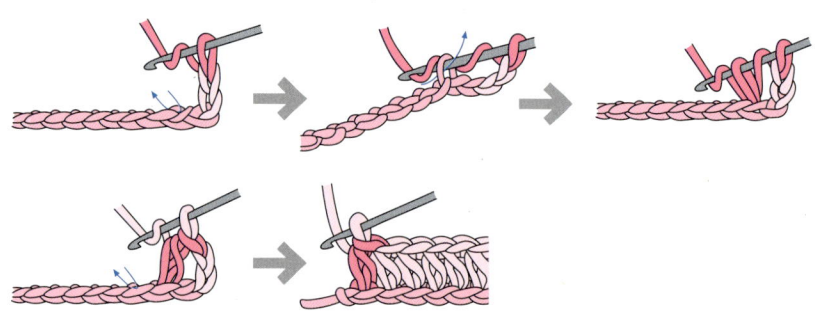

- 사슬 2코 기둥을 세우고 바늘에 실을 감은 후 4번째 코에 바늘을 넣어 코를 끌어 뺍니다.
- 다시 바늘에 실을 감아 세 개의 고리를 한 번에 빼냅니다.

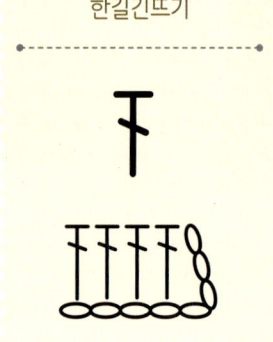

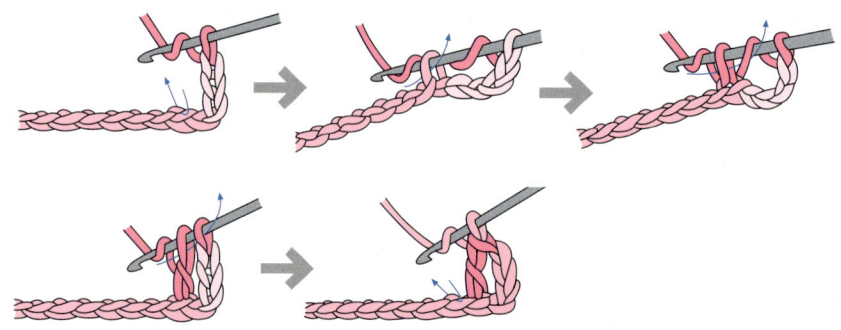

- 사슬 3코 기둥을 세우고 바늘에 실을 감은 후 5번째 코에 바늘을 넣어 코를 끌어 뺍니다.
- 바늘에 실을 감아 두 개의 고리를 먼저 뺍니다. 한 번 더 실을 감아 나머지 두 개의 고리도 빼냅니다.

두길긴뜨기

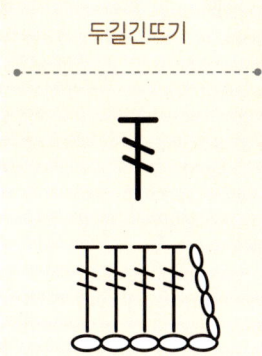
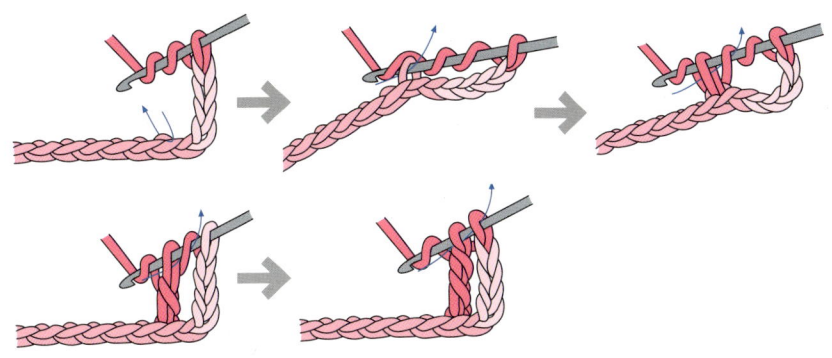

- 사슬 4코 기둥을 세우고 바늘에 실을 2번 감은 후 6번째 코에 바늘을 넣어 코를 끌어 뺍니다.
- 바늘에 실을 감아 두 개의 고리를 먼저 뺍니다. 두 번 더 반복합니다.

한 코에 짧은뜨기 2코

- 같은 코에 짧은뜨기 2코를 떠줍니다.

한 코에 한길긴뜨기 2코

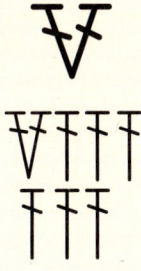
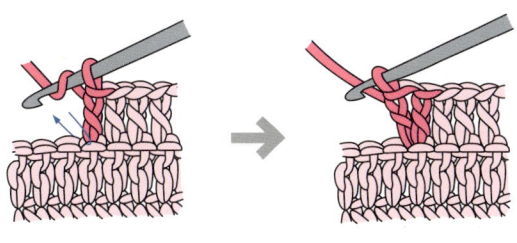

- 같은 코에 한길긴뜨기 2코를 떠줍니다.

짧은뜨기 2코 모아뜨기

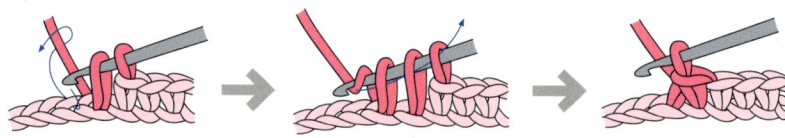

- 그림과 같이 한 코를 뺀 후 다음 코에서 화살표 방향대로 다시 한 코를 빼줍니다.
- 바늘에 세 개의 고리가 걸리면 실을 감아 한 번에 빼냅니다.

한길긴뜨기 2코 모아뜨기

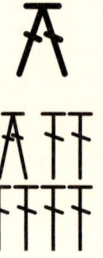

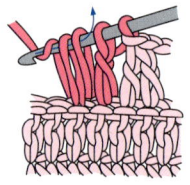

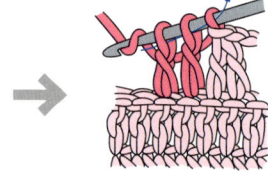

- 미완성 한길긴뜨기 1코를 만듭니다. 다음 코에서도 같은 미완성 모양을 떠줍니다.
- 바늘에 세 개의 고리가 걸리면 실을 감아 한 번에 빼냅니다.

한길긴뜨기 2코 구슬뜨기

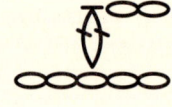

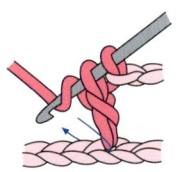

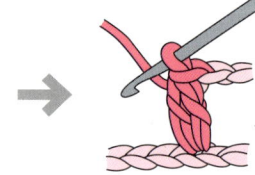

- 미완성 한길긴뜨기를 같은 코에 2코를 떠줍니다.
- 바늘에 세 개의 고리가 걸리면 실을 감아 한 번에 빼냅니다.

한길긴뜨기 3코 구슬뜨기

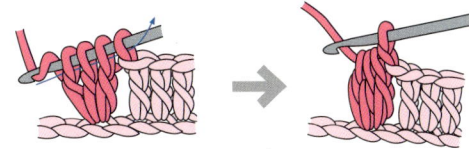

- 미완성 한길긴뜨기를 같은 코에 3코를 떠줍니다.
- 바늘에 네 개의 고리가 걸리면 실을 감아 한 번에 빼냅니다.

사슬 3코 피코 빼뜨기

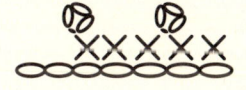

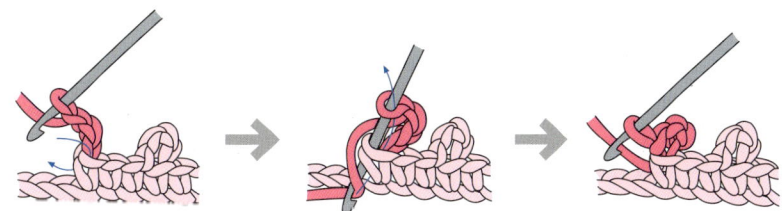

- 사슬 3코를 뜬 후 화살표 방향대로 바늘을 넣어줍니다.
- 바늘에 실을 감아 한 번에 빼줍니다.

한길긴뜨기 앞걸어뜨기

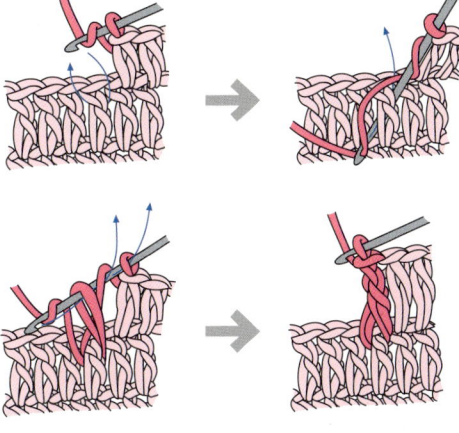

- 바늘에 실을 감아 아랫단의 기둥에 화살표가 가리키는 앞→뒤→앞 방향으로 바늘을 넣어 실을 감아 빼냅니다.
- 한길긴뜨기와 같은 방법으로 두 번에 걸쳐 코를 빼줍니다.

한길긴뜨기 뒤걸어뜨기

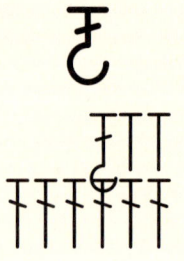

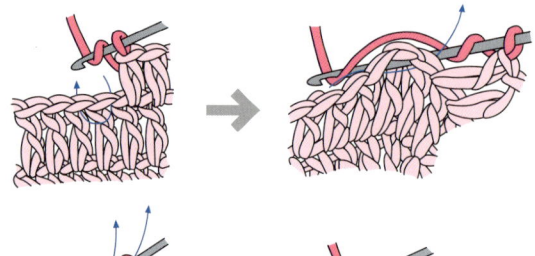

- 바늘에 실을 감아 아랫단의 기둥에 화살표가 가리키는 뒤→앞→뒤 방향으로 바늘을 넣어 실을 감아 빼냅니다.
- 한길긴뜨기와 같은 방법으로 두 번에 걸쳐 코를 빼줍니다.

짧은뜨기 뒤걸어뜨기

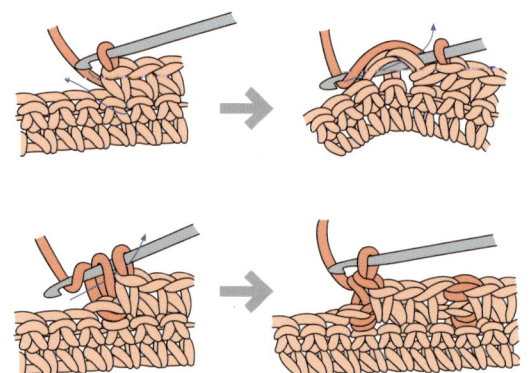

- 화살표가 가리키는 뒤→앞→뒤 방향으로 바늘을 아랫단 코머리에 넣습니다.
- 바늘에 실을 감아 화살표 방향으로 빼냅니다.
- 바늘에 실을 감아 두 개의 고리를 한 번에 빼줍니다.

한길긴뜨기 5코 팝콘뜨기

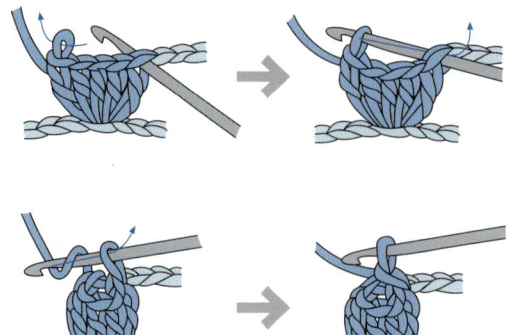

- 같은 코에 한길긴뜨기 5코를 뜹니다.
- 바늘을 빼서 한길긴뜨기 첫코에 넣은 후 다시 바늘을 빼냈던 코에 넣습니다.
- 바늘을 넣은 코를 화살표 방향으로 빼냅니다.
- 사슬 1코를 떠줍니다.

한길긴뜨기 1코 교차뜨기

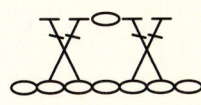

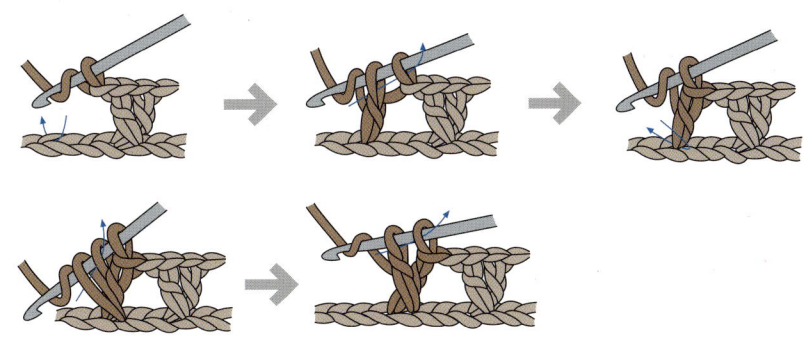

- 교차시킬 왼쪽에 한길긴뜨기 1코를 뜹니다.
- 바늘에 실을 감은 다음 1코 되돌아가 먼저 뜬 한길긴뜨기를 감싸듯이 빼냅니다.
- 한길긴뜨기와 같은 방법으로 떠줍니다.

뒤로 짧은뜨기

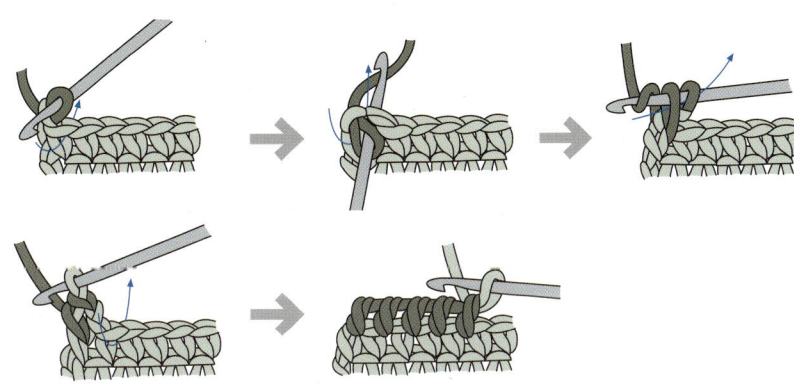

- 한 단이 끝나면 기둥 1코를 세운 후 화살표 방향으로 바늘을 넣습니다.
- 바늘에 실을 감아 화살표 방향으로 빼냅니다.
- 바늘에 실을 감아 두 개의 고리를 한 번에 빼줍니다.
- 왼쪽에서 오른쪽으로 떠갑니다.

짧은뜨기 줄기뜨기

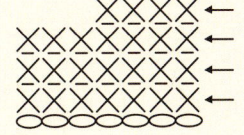

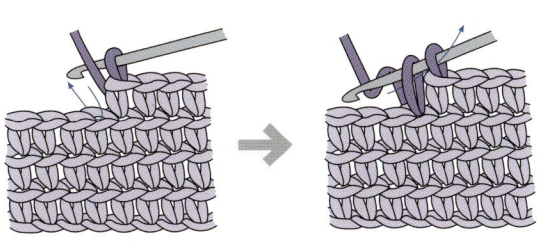

- 이랑뜨기와 같은 방법이지만 편물의 뜨는 방향이 바뀌지 않습니다.
- 화살표 방향대로 아랫단 사슬코의 뒤쪽 반코에 바늘을 넣어 짧은뜨기를 뜹니다.
- 긴뜨기 줄기뜨기, 한길긴뜨기 줄기뜨기, 두길긴뜨기 줄기뜨기도 아랫단 사슬코의 뒤쪽 반코에 바늘을 넣어 떠줍니다.

VINTAGE

1;

빈티지 키친(주방) 소품

한 코에는 사람이, 다른 한 코에는 전선이 모여 아름다운 크로셰가 된다.
- '바느질닷컴'의 로제 -

하트 원형 티 매트

완성 사이즈
지름 13.5cm

● 차 한 잔에도 품격 있게
나만의 하트 원형 티 매트

작은 소품 티 매트 하나로 느낌이 있는
차 한 잔의 여유를 즐겨봅니다.

READY

† 면사

연노란색 티 매트

연핑크색, 진청색, 연노란색

민트색 티 매트

다홍색, 브라운색, 민트색

† 바늘

코바늘 4호

HOW TO MAKE

1 ∞ 원형코 뜨기
실을 감아 원형코를 만듭니다.

2 ∞ 무늬 뜨기
원형코에 사슬 2코 기둥을 세우고 긴뜨기 3코 구슬뜨기와 사슬뜨기를 뜹니다. 배색표를 참고하여 2단은 사슬 3코 기둥을 세우고 한길긴뜨기로 뜹니다. 3단은 사슬 1코 기둥을 세우고 사슬뜨기와 짧은뜨기를 뜹니다.

3 ∞ 하트 무늬 뜨기
4~6단은 한길긴뜨기를 늘리면서 뜹니다. 7단은 사슬 3코 기둥을 세우고 한길긴뜨기와 짧은뜨기로 마무리합니다.

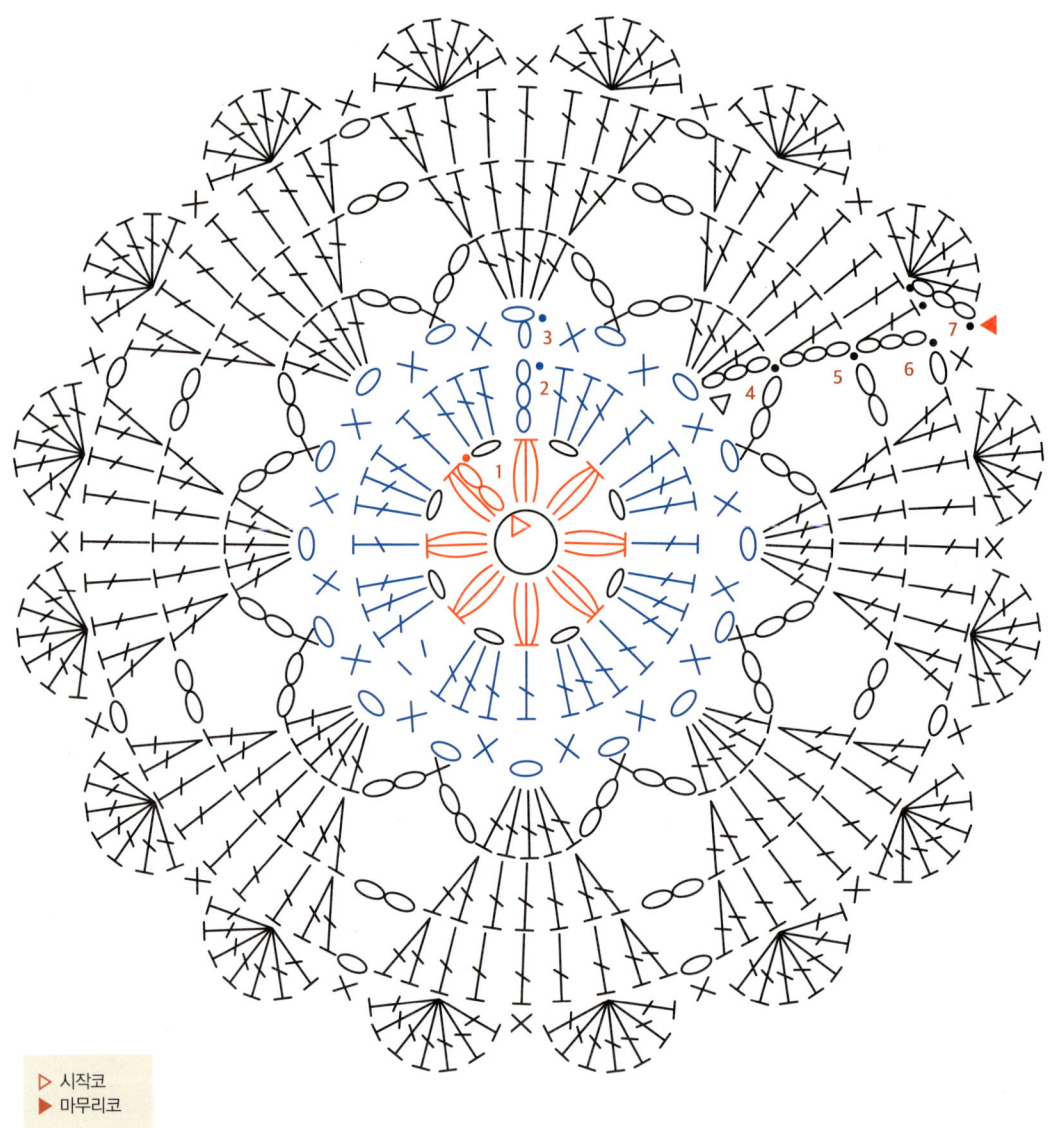

▷ 시작코
▶ 마무리코

∞ 색상 배색표

단	연노란색 티 매트 실 색상	민트색 티 매트 실 색상
4~6단	연노란색	민트색
2~3단	진청색	브라운색
1단	연핑크색	다홍색

포푸리 커피 잔

완성 사이즈
커피 잔 지름 6.5cm, 높이 6cm
커피 잔 받침 지름 14cm

🌸 향기 가득한 앤티크 스타일의
🍃 크로쉐 포푸리 커피 잔

포푸리, 사탕, 커피콩 등을 담아 분위기 있는
장식 소품으로 활용하면 어떨까요?

READY

† 울사

연청회색 커피 잔
보라색, 인디핑크색, 베이지색, 진그린색,
연청회색

민트색 커피 잔
파란색, 백아이보리색, 다홍색, 회색,
민트색

† 바늘
코바늘 5호, 돗바늘

HOW TO MAKE

1 ∞ 커피 잔 뜨기

실을 감아 원형코를 만든 후 사슬 3코 기둥을 세우고 한길긴뜨기 15코를 뜹니다. 2단은 사슬 3코 기둥을 세우고, 한길긴뜨기 2코 구슬뜨기와 사슬뜨기로 뜹니다. 3~10단까지 사슬 3코 기둥을 세우고 한길긴뜨기로 늘림 없이 뜹니다.

2 ∞ 커피 잔 손잡이 만들기

실 여유분을 15cm 정도 남기고 사슬뜨기 3코를 뜹니다. 1~26단까지 사슬 1코 기둥을 세우고 짧은뜨기로 뜹니다. 끝날 때도 실 여유분 15cm 정도를 남겨 돗바늘로 커피 잔 손잡이를 28페이지 그림처럼 감침질로 달아 완성합니다.

3 ∞ 커피잔 받침 뜨기

실을 감아 원형코를 만든 후 사슬 3코 기둥을 세우고 한길긴뜨기 15코를 뜹니다. 2단은 사슬 3코 기둥을 세우고 한길긴뜨기 2코 구슬뜨기와 사슬뜨기를 뜹니다. 3, 4단은 사슬 3코 기둥을 세우고 한길긴뜨기로 뜹니다. 5~7단은 사슬 3코 기둥을 세우고 한길긴뜨기를 16코씩 늘리면서 뜹니다.

커피잔

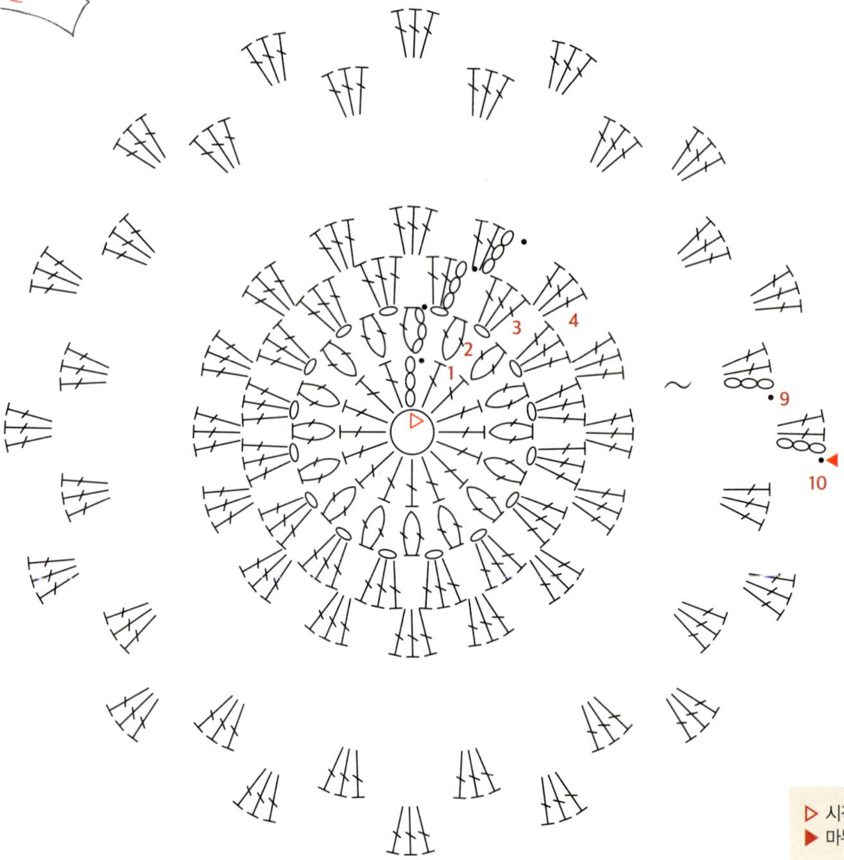

▷ 시작코
▶ 마무리코

커피 잔 손잡이

손잡이 다는 법

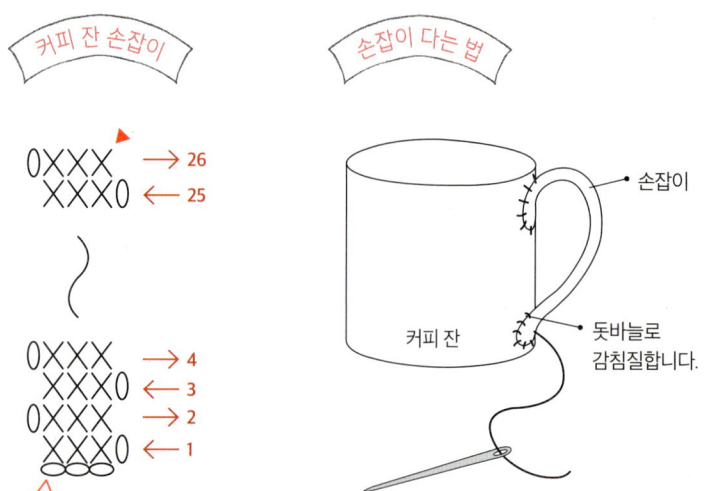

∞ 커피잔 배색표

단	연청회색	민트색
손잡이	연청회색	다홍색
10단	인디핑크색	민트색
9단	진그린색	회색
8단	베이지색	다홍색
7단	연청회색	
6단	인디핑크색	
5단	보라색	백아이보리색
4단	베이지색	
3단	연청회색	
2단	인디핑크색	
1단	진그린색	파란색

커피잔 받침

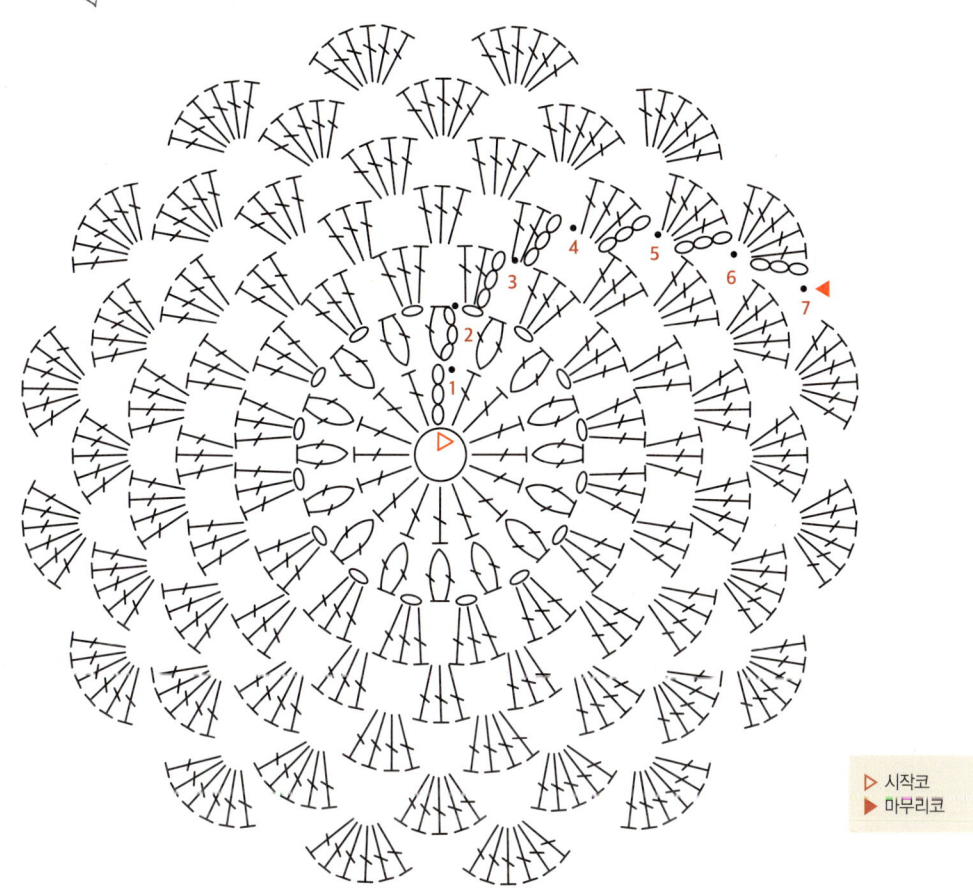

▷ 시작코
▶ 마무리코

∞ 커피잔 받침 배색표

단	연청회색	민트색
7단	연청회색	민트색
6단	인디핑크색	회색
5단	진그린색	다홍색
4단	베이지색	
3단	연청회색	백아이보리색
2단	인디핑크색	
1단	보라색	파란색

식탁 매트

완성 사이즈
가로 43cm, 세로 31cm

🍡 우리 집 식탁의 품격을 더해주는
식탁 매트

식탁 매트로도 좋고 다용도 매트로
활용해도 좋답니다.

READY

✝ 면사

아이보리색, 민트색

✝ 바늘

코바늘 4호

HOW TO MAKE

1 ∞ 시작코 뜨기

아이보리색 실로 사슬뜨기 107코를 뜹니다.

2 ∞ 무늬 뜨기

시작코에 사슬 3코 기둥을 세우고 2코 건너서 한길긴뜨기 3코를 뜹니다. 2단은 사슬 3코 기둥을 세우고 한길긴뜨기와 사슬뜨기를 뜹니다. 같은 방법으로 무늬 뜨기를 31단까지 뜹니다.

3 ∞ 가장자리 뜨기

아이보리색 실로 짧은뜨기 1단을 뜨고 민트색 실로 바꾸어 아래 코에 길게 넣어서 짧은뜨기와 사슬뜨기를 뜹니다.

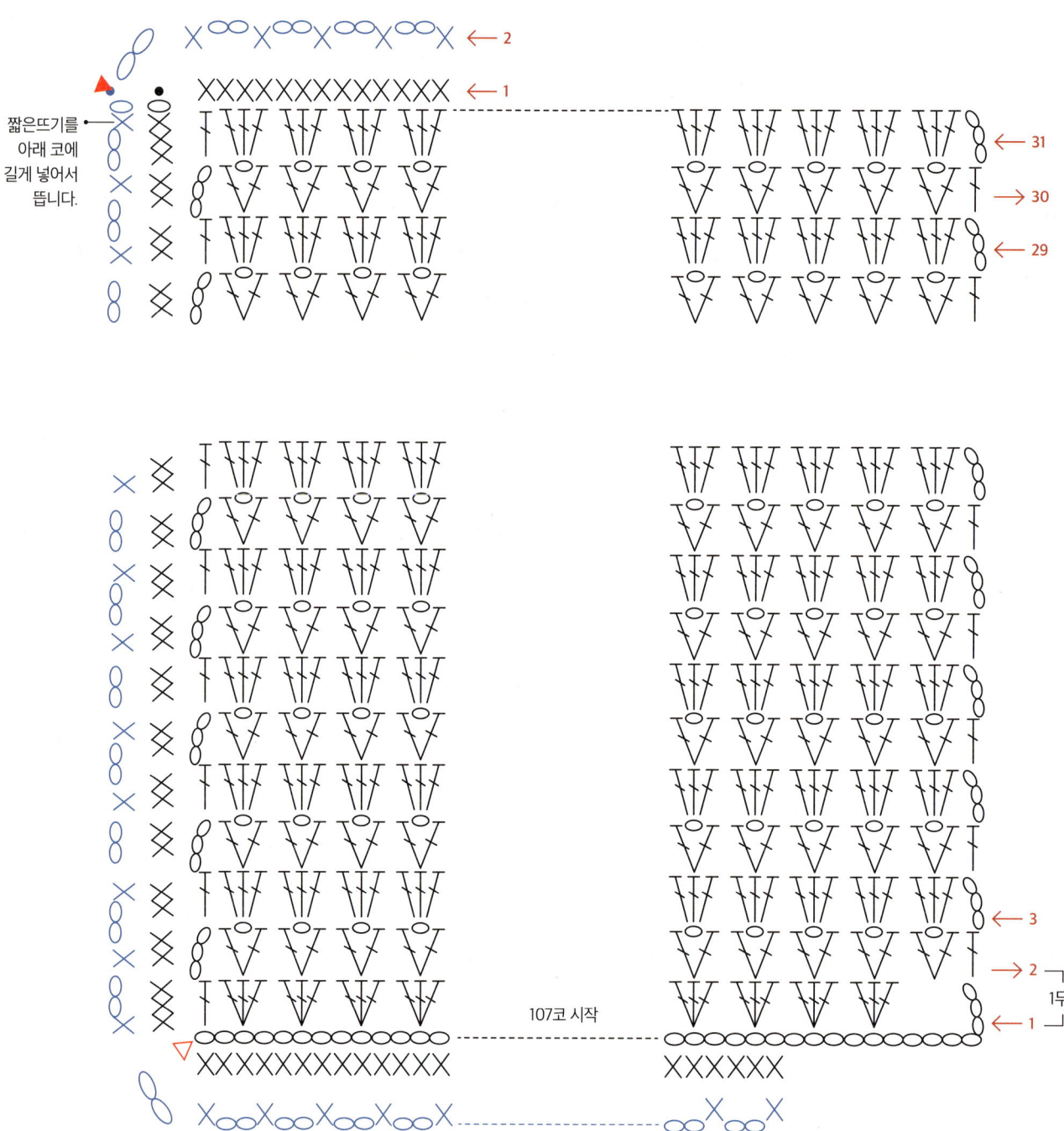

쿠키 바구니

완성 사이즈
24×12cm 타원, 높이 7cm

고소한 쿠키를 더 맛있게 만들어주는
리넨 쿠키 바구니

쿠키 외 바느질 도구를 담아도
멋스러움이 느껴집니다.

READY

리넨사(베이지색), 1cm 폭 가죽 끈(15cm 정도) 2개

† 바늘
코바늘 5호

HOW TO MAKE

1 ∞ 시작코 뜨기
사슬뜨기 25코를 뜹니다.

2 ∞ 바닥면 뜨기
시작코에 사슬 3코 기둥을 세우고 한길긴뜨기를 타원형으로 뜹니다. 한길긴뜨기를 매 단마다 14코씩 늘리면서 4단까지 뜹니다.

3 ∞ 옆면 뜨기
옆면은 늘림 없이 뜹니다. 5단은 짧은뜨기, 6~9단까지 한길긴뜨기를 뜨고 10단은 한길긴뜨기 1코 교차뜨기로 떠줍니다. 11단은 짧은뜨기로 마무리합니다.

4 ∞ 손잡이 달기
옆면 10단째와 11단째 부분에 가죽 끈을 달아 완성합니다.

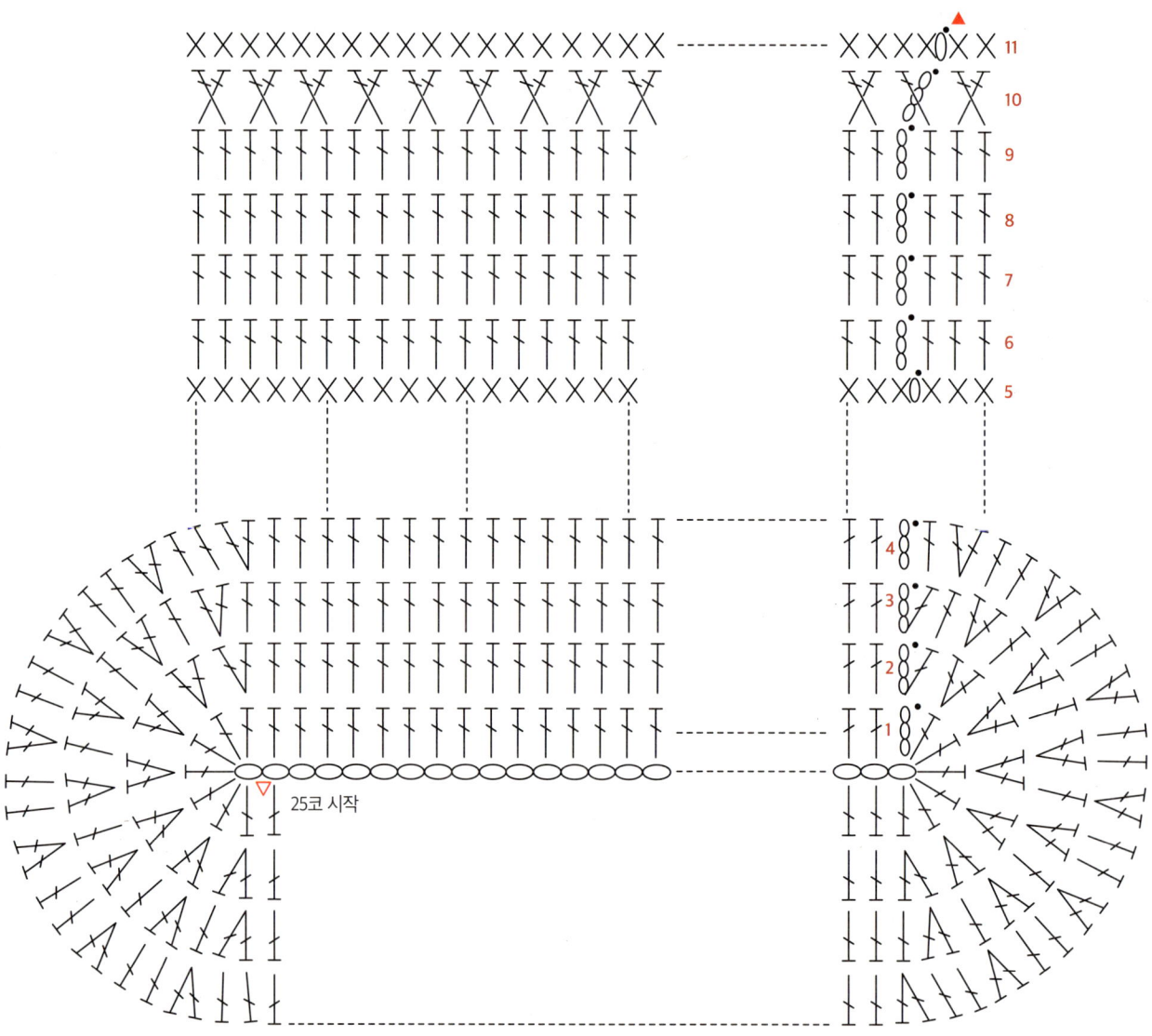

▷ 시작코
▶ 마무리코

∞ 바닥면 콧수와 코 늘리기

단	콧수	코 늘리기
4단	102코	+14코
3단	88코	+14코
2단	74코	+14코
1단	60코	

036 ∞ 037

앞치마 겸 미니 커튼

완성 사이즈
가로 76cm, 세로 40cm (끈 제외),
끈 길이 40cm

센스 있는 주방 패션의 시작,
앞치마 겸 미니 커튼

앞치마로 쓰다가 걸어두기만 해도
밝고 환한 주방으로 바뀐답니다.
실용성에 패션 감을 더하여 미니 커튼으로
활용해도 남다른 감각을 뽐낼 수 있습니다.

READY

† 면사

아이보리색, 다홍색, 연보라색, 파란색, 주황색, 민트색, 연노란색

† 바늘

코바늘 5호

HOW TO MAKE

1 ∞ 시작코 뜨기
이이보리색 실로 사슬뜨기 181코를 뜹니다.

2 ∞ 무늬 뜨기
무늬 뜨기는 시작코 181코 중 91코까지 뜨고 90코는 끈을 뜨기 위해 남겨둡니다. 도안과 배색표를 참고하여 사슬뜨기, 한길긴뜨기, 한길긴뜨기 2코 구슬뜨기, 짧은뜨기로 73단까지 뜹니다.

3 ∞ 앞치마 끈 뜨기
73단 째에 이어서 사슬뜨기 90코를 뜨고, 짧은뜨기와 한길긴뜨기를 7단 떠서 완성합니다.

 앞치마 치수

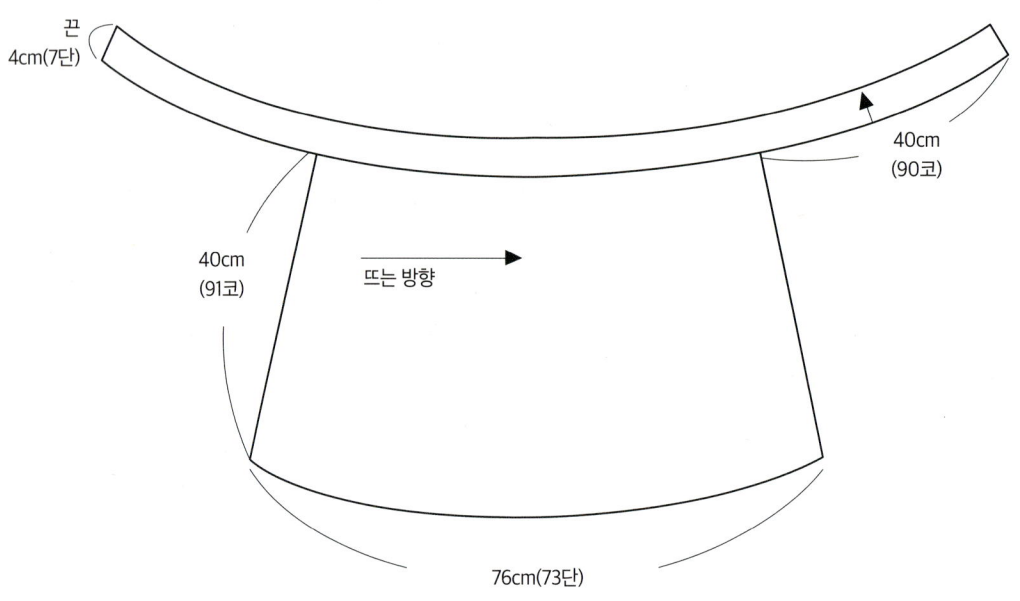

∞ 색상 배색표

단	실 색상
58, 59단	파란색
54, 55단	연 보라색
50, 51단	다홍색
46, 47단	연 노란색
42, 43단	민트색
38, 39단	주황색
34, 35단	파란색
30, 31단	연 보라색
26, 27단	다홍색
22, 23단	연 노란색
18, 19단	민트색
14, 15단	주황색
10, 11단	파란색
6, 7단	연 보라색
2, 3단	다홍색

✱ 표시하지 않은 단은 아이보리색 실로 뜹니다.

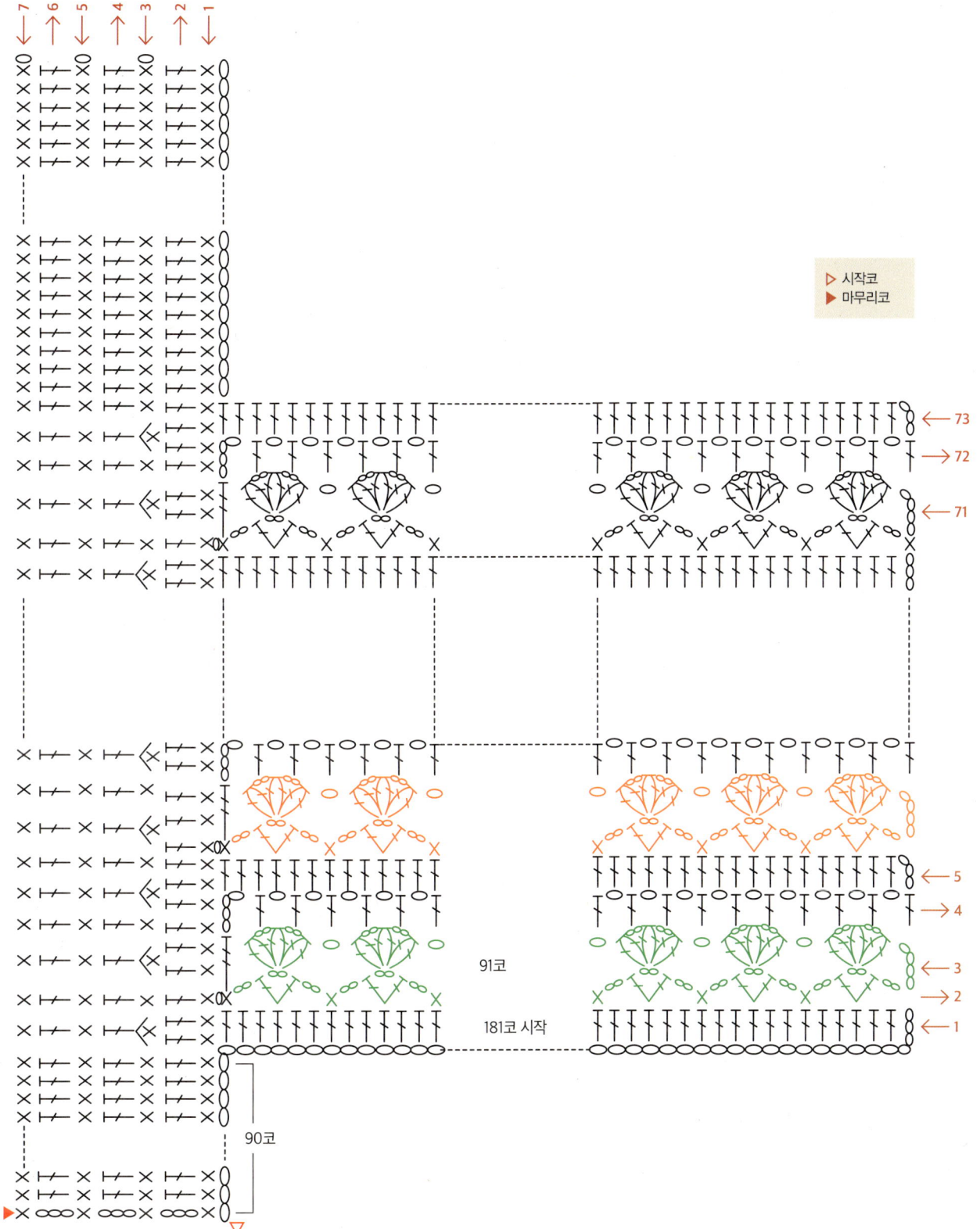

내추럴 그물코 가방

완성 사이즈
가로 40cm, 세로 34cm,
손잡이 높이 19cm

무거운 가방이 부담스러울 때 유용한
내추럴 그물코 가방

나들이 또는 장 보러갈 때 어깨에 슬쩍 메면
자연스런 멋이 느껴지는 숄더백입니다.

READY

† 리넨사

그린색, 겨자색

† 바늘

코바늘 5호

HOW TO MAKE

1 ∞ 원형코 뜨기

그린색 실을 감아 원형코를 만듭니다.

2 ∞ 바닥면 뜨기

원형코에 사슬 1코 기둥을 세우고 사슬뜨기 3코와 짧은뜨기로 그물을 10개 뜹니다. 도안을 참고하여 4, 8, 12, 16단째에 그물을 10개씩 늘리면서 뜹니다.

3 ∞ 옆면 뜨기

그린색 실로 늘림 없이 34단까지 뜹니다. 겨자색 실로 바꾸어 40단까지 뜹니다.

4 ∞ 가방 윗부분 뜨기

도안을 참고하여 22그물을 양쪽 코 줄이기를 히면서 6단을 뜹니다. 6단을 뜬 후 사슬 1코 기둥을 세우고 짧은뜨기 3단을 뜹니다. 반대쪽도 대칭이 되도록 같은 방법으로 뜹니다.

5 ∞ 손잡이와 가장자리 뜨기

짧은뜨기로 가장자리를 뜨면서 사슬뜨기 74코를 잡아 손잡이도 함께 뜹니다.

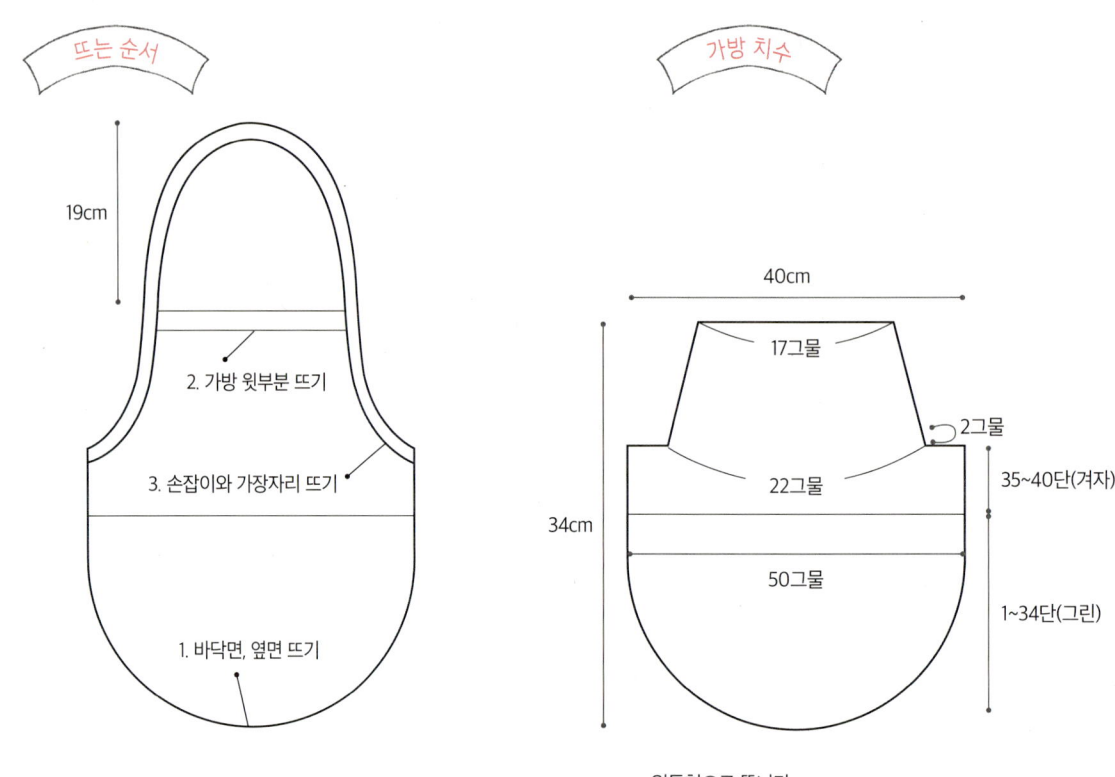

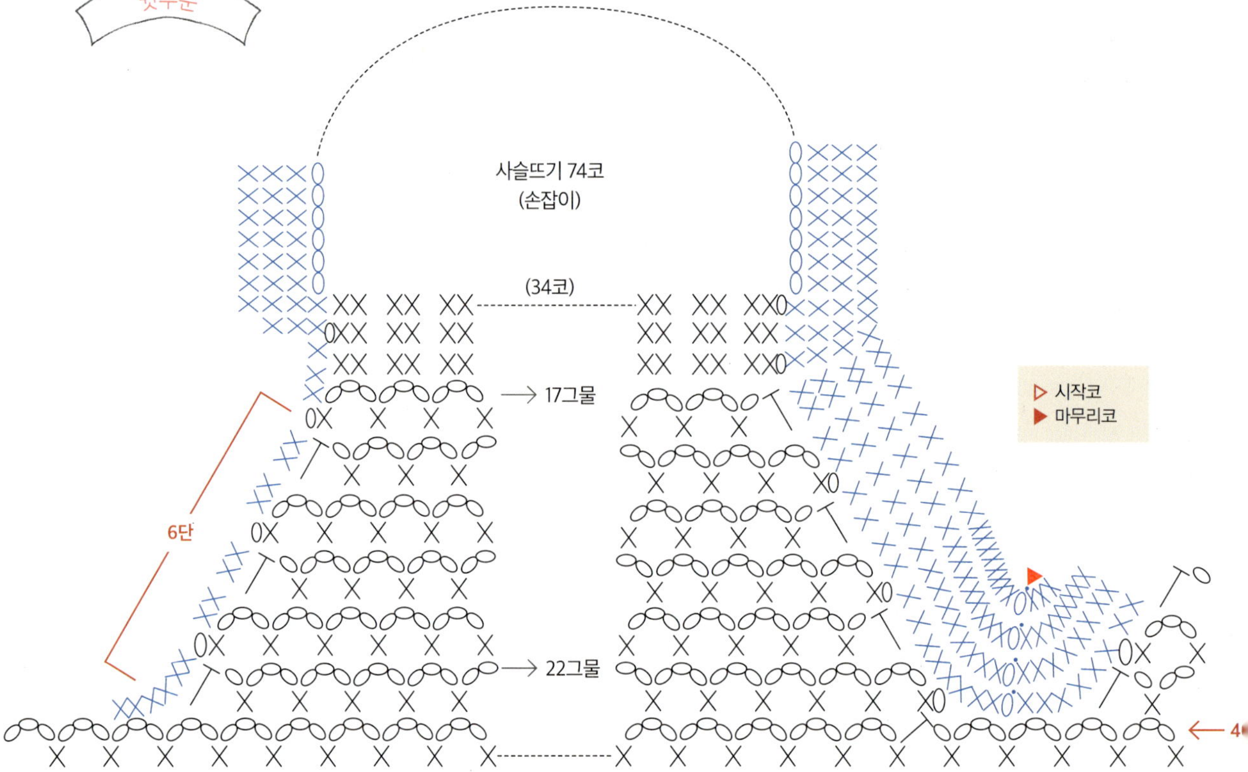

가방 바닥면

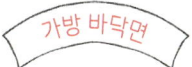

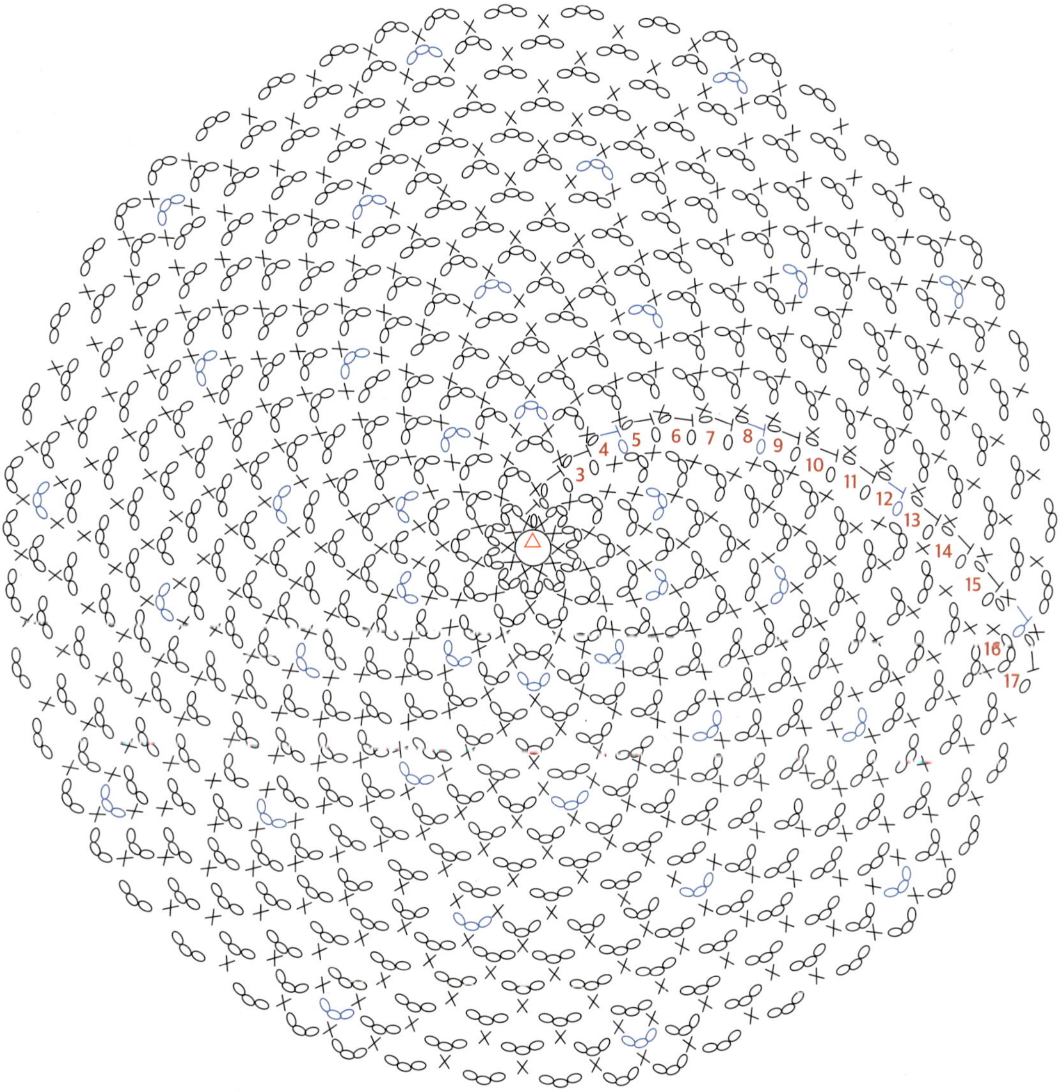

* 컬러 색상은 늘리는 그물 표시입니다.

▷ 시작코
▶ 마무리코

∞ 바닥면 그물 수와 그물 늘리기

단	그물 수	그물 늘리기
16~40단	50그물	+10그물
12~15단	40그물	+10그물
8~11단	30그물	+10그물
4~7단	20그물	+10그물
1~3단	10그물	

텀블러 겸 보틀 케이스

완성 사이즈
리넨사 바닥면 지름 10cm, 높이 13cm, 끈 높이 10cm
울사 바닥면 지름 7cm, 높이 15cm, 끈 높이 10cm

◉ 휴대용으로 들고 다니기 편하게 손잡이까지 달아준
텀블러 겸 보틀 케이스

커피, 음료를 담아 외출 또는 산책길에 애용하는
텀블러 겸 보틀에 예쁜 옷을 입혀 센스를 더해 봅니다.

READY

리넨사(베이지색, 초록색), 울사(하늘색, 와인색), 장식단추 1개, 1cm 폭 가죽 끈 (30cm 정도) 1개

† 바늘

코바늘 5호

HOW TO MAKE

1 ∞ 바닥면 뜨기

베이지색 실을 감아 원형코를 만든 후 사슬 1코 기둥을 세우고 짧은뜨기 6코를 뜹니다. 도안을 참고하여 5단까지 매 단마다 6코씩 늘리면서 뜹니다.

2 ∞ 옆면 뜨기

6단에서 11단까지 늘림 없이 뜹니다. 12~27단까지 짧은뜨기와 사슬뜨기로 무늬 뜨기를 뜹니다. 28, 29단은 초록색 실, 30단은 베이지색 실로 짧은뜨기를 뜹니다.

3 ∞ 끈 뜨기

옆면 뜨기에 이어서 짧은뜨기 3코로 31단을 뜬 후 반대편에 장식단추로 고정시켜 완성합니다.

✓ 울사는 바닥면을 7단까지 6코씩 늘리면서 뜹니다.

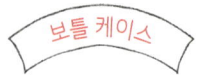

보틀 케이스

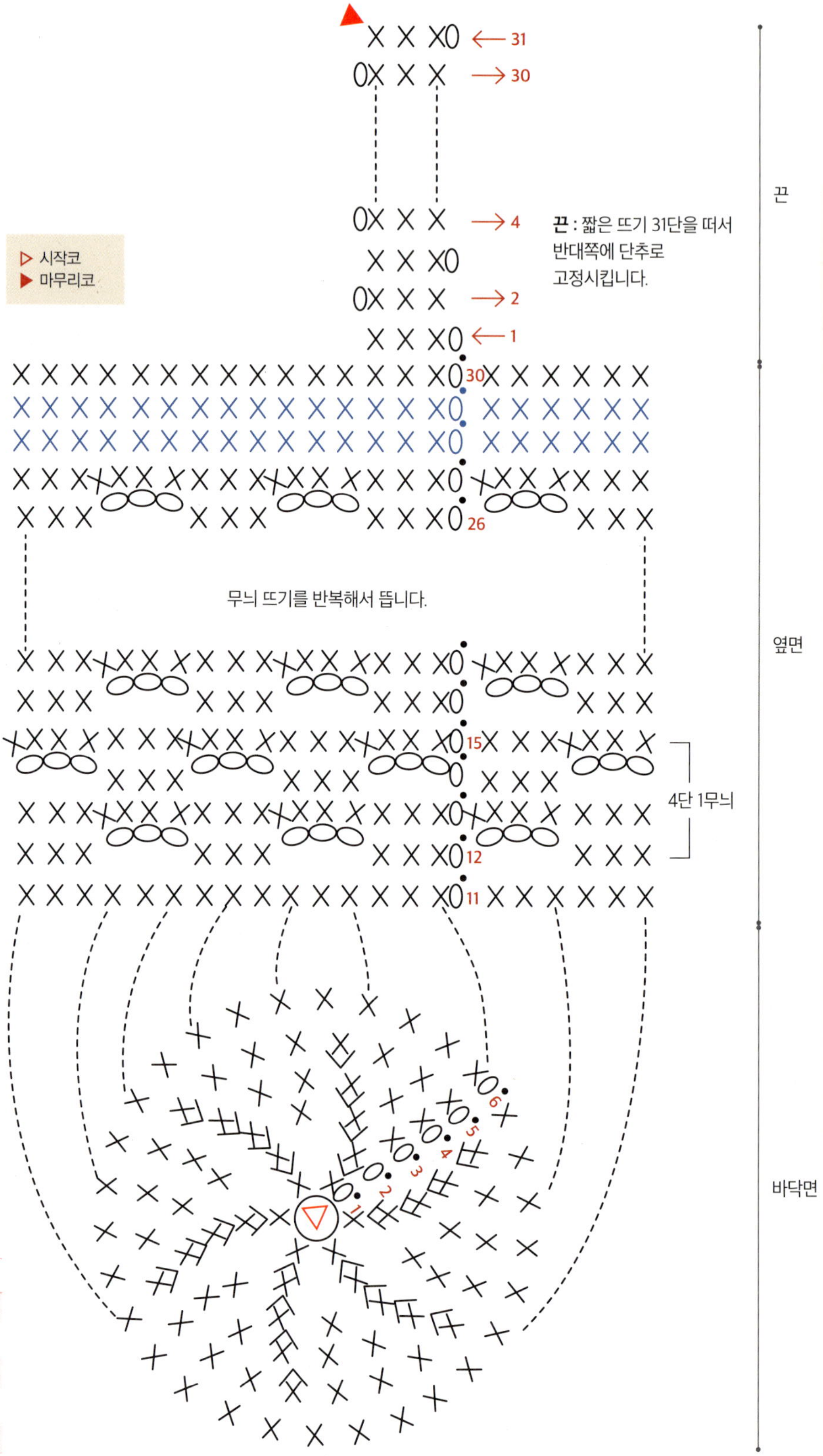

▷ 시작코
▶ 마무리코
31
30
4
2
1
30
26
15
12
11
6
5
4
3
2
1
무늬 뜨기를 반복해서 뜹니다.
4단 1무늬
끈
옆면
바닥면

끈 : 짧은 뜨기 31단을 떠서 반대쪽에 단추로 고정시킵니다.

늘림 없이 11단까지 뜹니다. (짧은뜨기)

∞ 바닥면 콧수와 코 늘리기

단	콧수	코 늘리기
5단	30코	+6코
4단	24코	+6코
3단	18코	+6코
2단	12코	+6코
1단	6코	

VINTAGE

빈티지 라이프(생활) 소품

손뜨개는 내가 뜨고 당신이 이어주는 우리늘의 이야기

- '바느질닷컴'의 로제 -

플라워 리스

완성 사이즈
큰 꽃 지름 6cm,
작은 꽃 지름 4cm

현관이나 거실에 걸어 두면
행운이 찾아오는 플라워 리스

사랑의 마음까지 함께 담아 걸어두면
더욱 근사하겠죠!

READY

울사(연핑크색, 연주황색, 연하늘색, 백아
이보리색, 그린색), 리스틀, 글루건

† 바늘

코바늘 5호, 돗바늘

HOW TO MAKE

1 ∞ 큰 꽃 뜨기
노안을 심고하여 사슬뜨기 64코를 뜨고 12개의 꽃잎을 뜹니다. 1번 꽃잎에서 12번 꽃잎까지 말아 꽃 모양을 만들고 감침질로 고정시킵니다.

2 ∞ 작은 꽃 뜨기
연주황색 실을 감아 원형코를 만든 후 사슬 1코 기둥을 세우고 짧은뜨기를 뜹니다. 백아이보리색 실로 바꾸어 작은 꽃잎 6개를 뜹니다.

3 ∞ 잎 뜨기
사슬뜨기 10코를 뜨고 도안대로 잎 모양을 떠줍니다.

4 ∞ 리스 틀에 고정하기
꽃과 잎의 위치를 잡아 글루건으로 리스 틀에 단단하게 고정합니다.

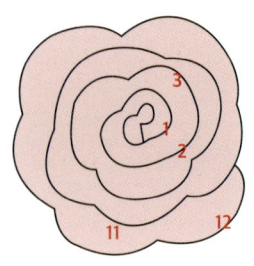

1번에서 12번까지 말아서 꽃 모양을 만들어줍니다.

• 연핑크색 2개, 연하늘색 1개

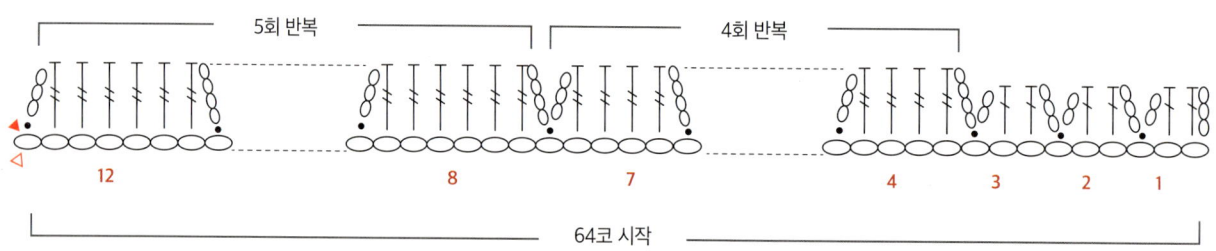

▷ 시작코
▶ 마무리코

실 색상	갯수
연핑크색	2개
연하늘색	1개

• 6개

• 그린색 6개

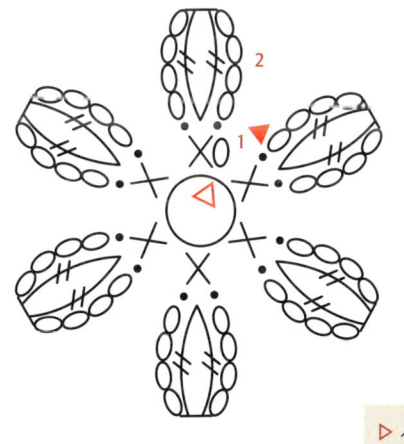

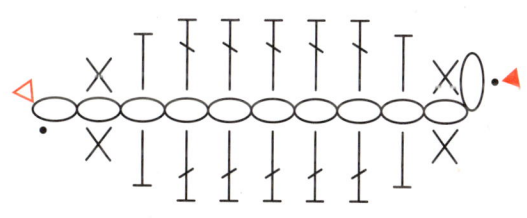

▷ 시작코
▶ 마무리코

단	실 색상
2단	백아이보리색
1단	연주황색

리폼 옷걸이

완성 사이즈
가로 38cm, 높이 4.5cm

평범한 옷걸이를 새롭게 바꾸는
리폼 옷걸이

집에 하나둘 쌓여가는 세탁소 옷걸이를
개성이 있는 감각 옷걸이로 리폼해봅니다.

READY

울사(살구색, 민트색, 연노란색, 와인색, 진정색), 세탁소 옷걸이

† 바늘
코바늘 5호

HOW TO MAKE

1 ∞ 시작코 뜨기
사슬뜨기 89코를 뜹니다.

2 ∞ 무늬 뜨기
시작코에 사슬 2코 기둥을 세우고 긴뜨기를 뜹니다. 2, 3단은 한길긴뜨기 2코 구슬뜨기와 한길긴뜨기 5코 팝콘뜨기로 무늬를 만들어줍니다. 4단은 다시 긴뜨기로 뜹니다.

3 ∞ 옷걸이 구부리기
58페이지 그림을 참고하여 세탁소 옷걸이를 구부립니다.

4 ∞ 마무리하기
2장을 떠서 안면끼리 마주대고 짧은뜨기로 연결합니다. 위쪽 중심에서 시작하여 절반 정도 연결하다 옷걸이를 넣은 상태에서 마무리합니다.

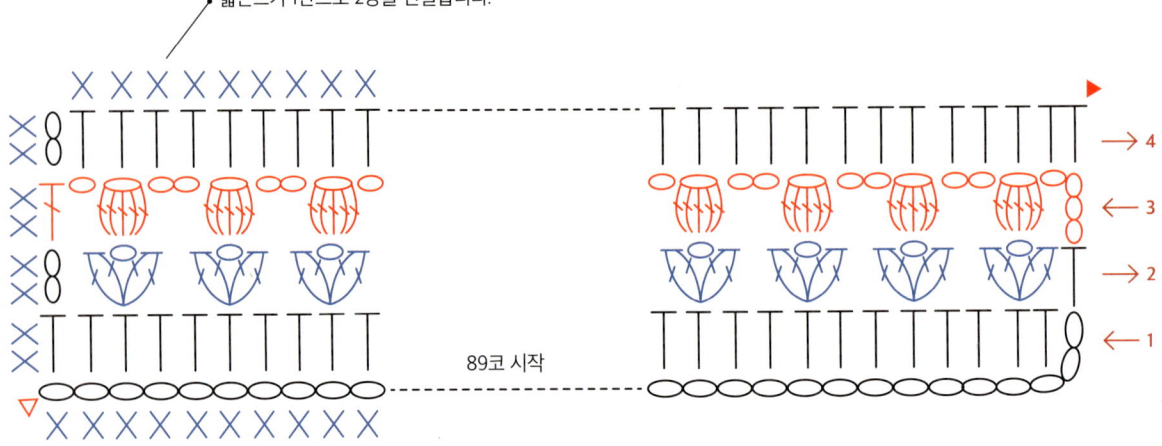

옷걸이 구부리기

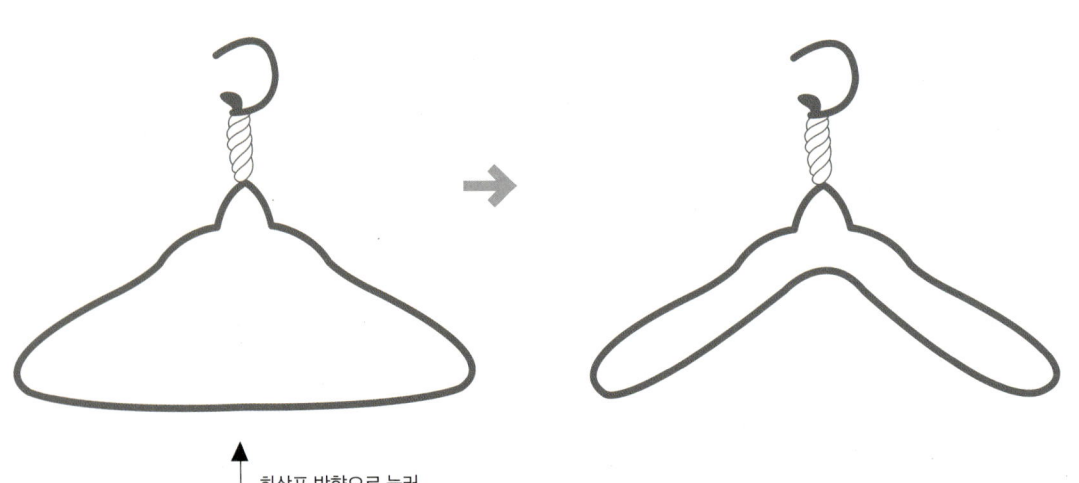

화살표 방향으로 눌러
다음과 같이 변형해줍니다.

펜타곤 볼

완성 사이즈
지름 13cm

🌀 자유롭게 배색하여 만든
미니 펜타곤 볼

아이들과 공놀이용은 물론 인테리어 데코용으로도
깜찍하고 귀엽게 연출할 수 있습니다.

READY

울사 2겹(12종)

✝ 바늘

코바늘 5호, 돗바늘

HOW TO MAKE

1 ∞ 원형코 뜨기

울사 2겹을 감아 원형코를 만듭니다.

2 ∞ 펜타곤 뜨기

원형코에 넣어서 짧은뜨기 5코를 뜹니다. 2단에서 5단까지 5코씩 늘리면서 뜹니다. 6단째는 한 코에 짧은뜨기 3코를 떠서 10코를 늘려줍니다.

3 ∞ 연결하기

펜타곤 10개를 떠서 63페이지 그림과 같이 5개씩 2매 연결합니다. 이때 연결 방법은 한 코 감아잇기로 합니다. 연결된 2매를 볼 모양으로 만들면서 연결하는데 마지막 2면은 솜을 단단하게 채운 후 연결합니다.

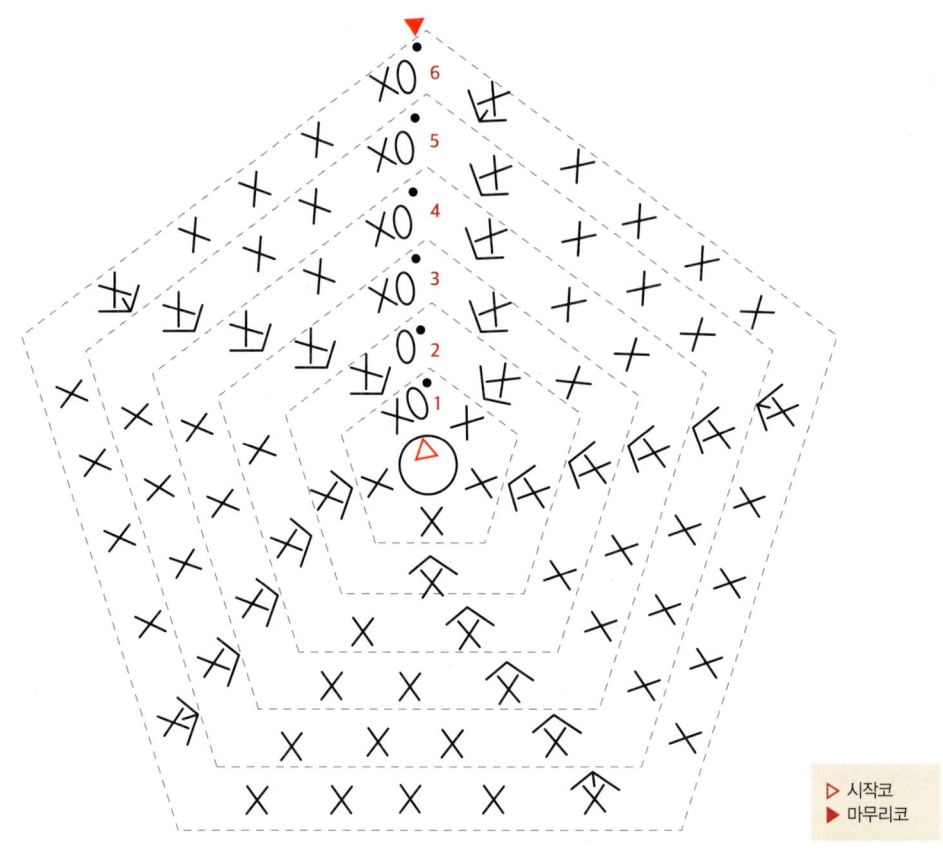

▷ 시작코
▶ 마무리코

∞ 콧수와 코 늘리기

단	콧수	코 늘리기
6단	35코	+10코
5단	25코	+5코
4단	20코	+5코
3단	15코	+5코
2단	10코	+5코
1단	5코	

펜타곤연결하기

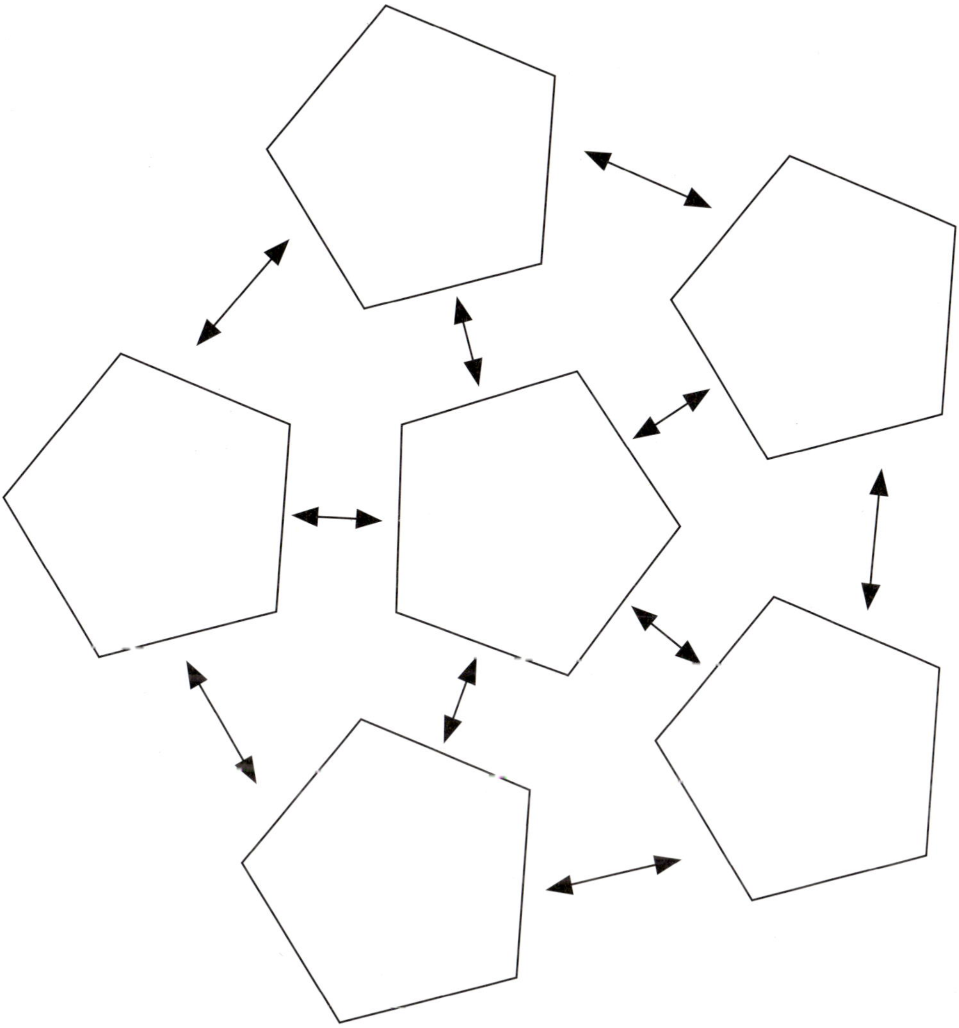

티슈커버 겸 바구니 덮개

완성 사이즈
가로 35cm, 세로 42cm

- 사랑스럽게 변신이 가능한
- 티슈커버 겸 바구니 덮개

오늘은 티슈커버로, 내일은 바구니 덮개로
사용할 수 있는 다용도 생활 소품입니다.

READY

울사(옐로그린색, 주황색, 진하늘색, 진그
린색), 후크 2쌍

† 바늘

코바늘 5호

HOW TO MAKE

1 ∞ 시작코 뜨기
옐로그린색 실로 사슬뜨기 77코를 뜹니다.

2 ∞ 무늬 뜨기
도안을 참고하여 시작코에 사슬 3코 기둥을 세우고 한길긴뜨기, 사슬뜨기, 한길긴뜨기 3코 구슬뜨기로 42단까지 뜹니다.

3 ∞ 가장자리 뜨기
무늬 뜨기에 이어서 짧은뜨기와 사슬뜨기로 1단을 뜹니다.

4 ∞ 끈 뜨기
사슬뜨기 154코를 뜨고 빼뜨기 1단을 뜹니다.

5 ∞ 끈에 다는 꽃 뜨기
도안대로 옐로그린색 실로 꽃 4개를 뜹니다. 끈을 끼운 상태에서 끈의 끝쪽에 달아줍니다.

6 ∞ 큰 꽃 뜨기
입체꽃 도안을 참고하여 진하늘색 실로 6단까지 뜹니다. 큰 꽃 2개를 떠줍니다.

7 ∞ 작은 꽃 뜨기
주황색 실로 입체꽃 도안의 4단까지 뜹니다. 작은 꽃 6개를 뜹니다.

8 ∞ 잎사귀 뜨기
진그린색 실로 사슬뜨기 7코를 시작하여 잎사귀 12개를 뜹니다.

9 ∞ 티슈커버에 꽃 달아 완성하기
위치에 맞추어 큰 꽃, 작은 꽃, 잎사귀를 달고 큰 꽃 안쪽에 후크를 달아 완성합니다.

 옐로그린색 1개

가장자리 1단

→ 42

끈 넣는 위치

→ 4
← 3
→ 2
← 1

77코 시작

10코 1무늬

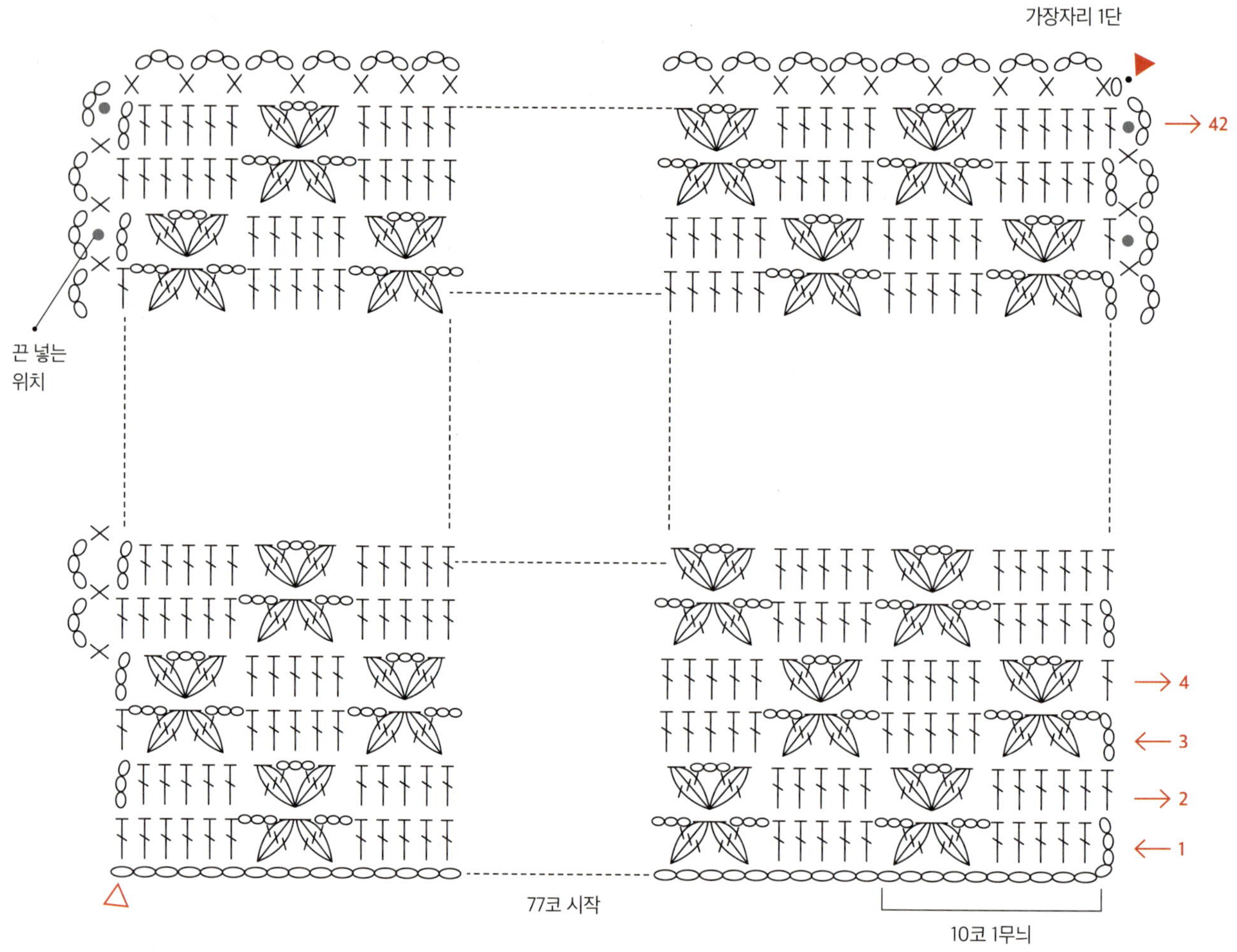

▷ 시작코
▶ 마무리코

 입체꽃

큰 꽃(6단) 진하늘색 2개
작은 꽃(4단) 주황색 6개

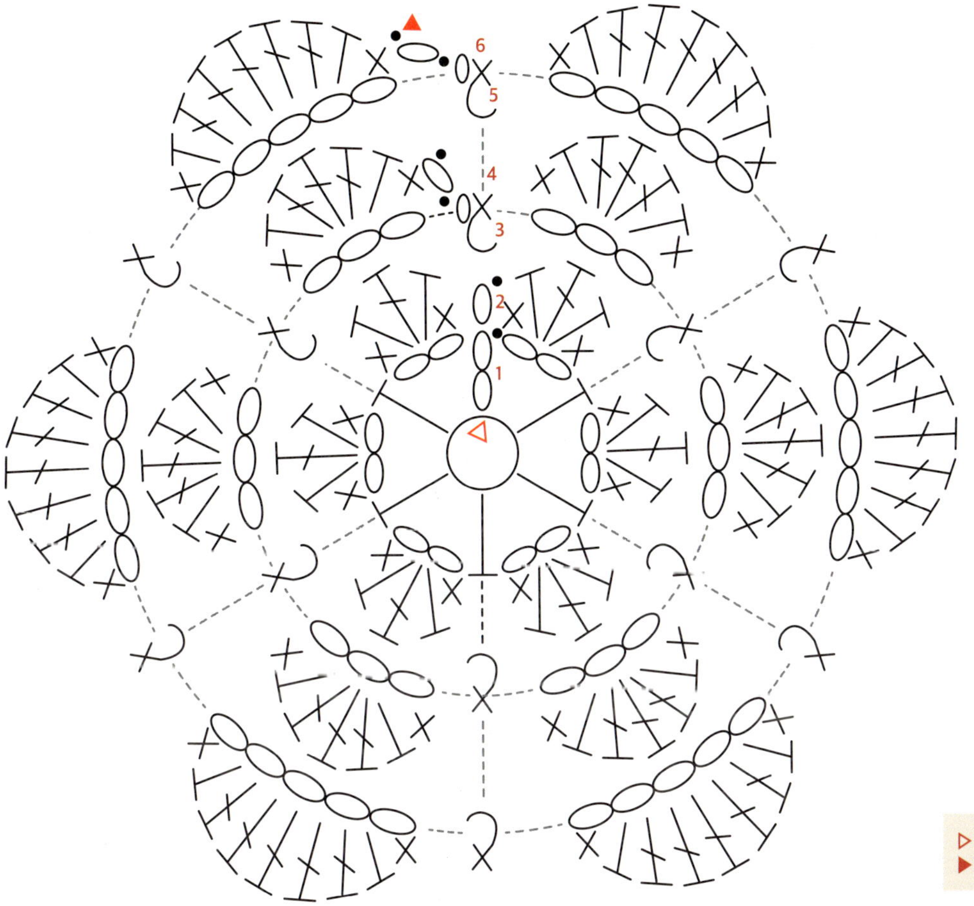

▷ 시작코
▶ 마무리코

잎사귀

진그린색 12개

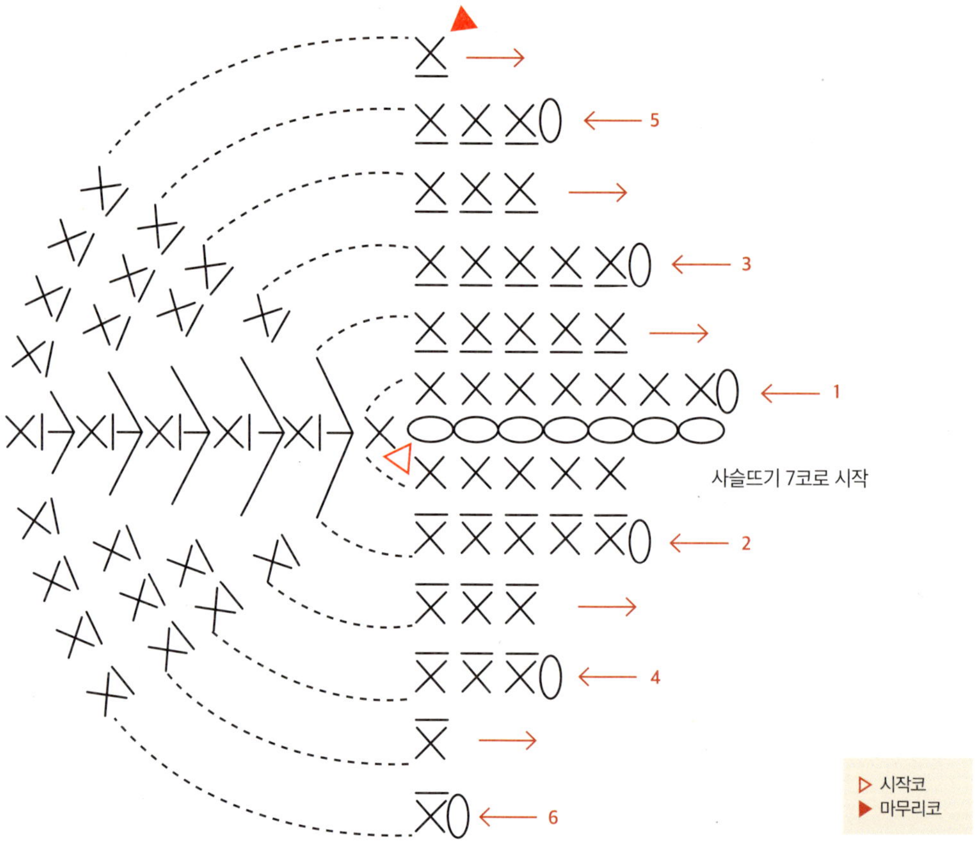

5
3
1
사슬뜨기 7코로 시작
2
4
6
▷ 시작코
▶ 마무리코

끈

옐로그린색

(2개)
사슬뜨기 154코 시작
→ 코마다 빼뜨기

끈 양쪽끝에 다는 작은 꽃 옐로그린색 4개

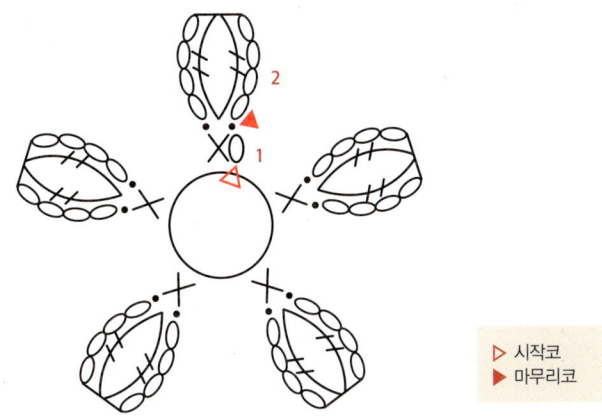

▷ 시작코
▶ 마무리코

꽃 위치

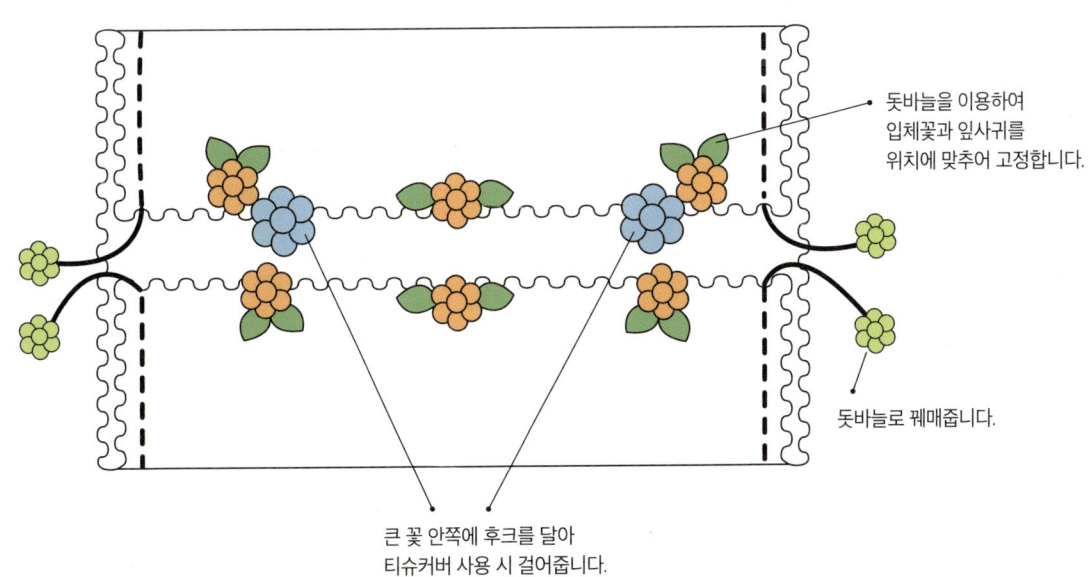

돗바늘을 이용하여 입체꽃과 잎사귀를 위치에 맞추어 고정합니다.

돗바늘로 꿰매줍니다.

큰 꽃 안쪽에 후크를 달아 티슈커버 사용 시 걸어줍니다.

달리아 사각 쿠션 커버

완성 사이즈
가로 40cm, 세로 40cm

꽃말처럼 화려하고 우아한
달리아 사각 쿠션 커버

집에 있는 쿠션에 완성한 달리아 쿠션 커버를
덧대기만 하면 새로운 감성 쿠션으로 거듭납니다.

READY

울사(백아이보리색, 진청색, 겨자색, 연하
늘색, 청회색), 40cm 쿠션

바늘

코바늘 5호, 돗바늘

HOW TO MAKE

1 ∞ 모티브 뜨기
도안을 참고하여 실을 감아 원형코를 만든 후 한길긴뜨기와 한길긴뜨기 5고 팝콘뜨기로 뜹니다. 색상 배색표를 보고 25개의 모티브를 뜹니다.

2 ∞ 모티브 연결하기
돗바늘에 진청색 실을 꿰어 반 코 감아잇기로 연결합니다.

3 ∞ 가장자리 뜨기
1~3단은 연하늘색 실, 4단은 청회색 실, 5단은 연하늘색 실로 짧은뜨기 5단을 떠서 마무리합니다.

4 ∞ 쿠션에 덧대기
쿠션 앞면에 핀으로 고정시킨 후 감침질로 꿰매어 쿠션을 완성합니다.

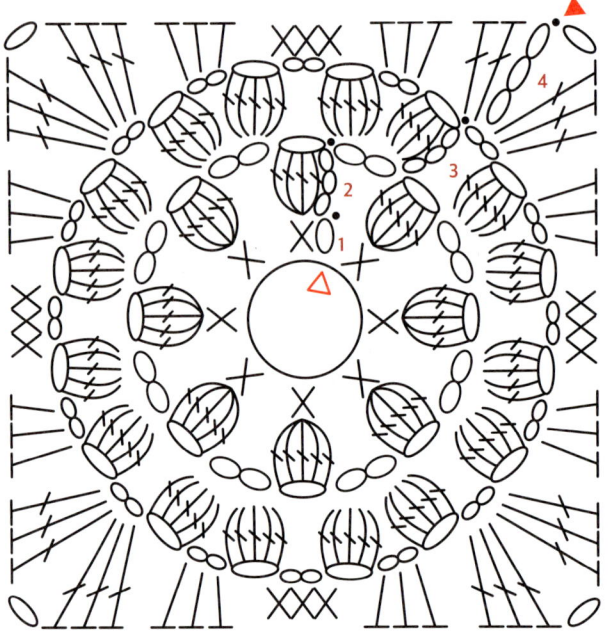

▷ 시작코
▶ 마무리코

∞ 색상 배색표

	A	B	C	D	E	F	G	H	I	J	K	L	M	N
4단	청회색	진청색	청회색		청회색		진청색	진청색		청회색			백아이보리색	연하늘색
3단	겨자색	연하늘색	백아이보리색	진청색		겨자색	연하늘색	겨자색	청회색	백아이보리색	연하늘색	겨자색	진청색	청회색
2단	백아이보리색				겨자색	백아이보리색	겨자색	연하늘색		겨자색				
1단	겨자색						연하늘색	겨자색		백아이보리색				
모티브 개수	1	7	6	1	1	1	1	1	1	1	1	1	1	1

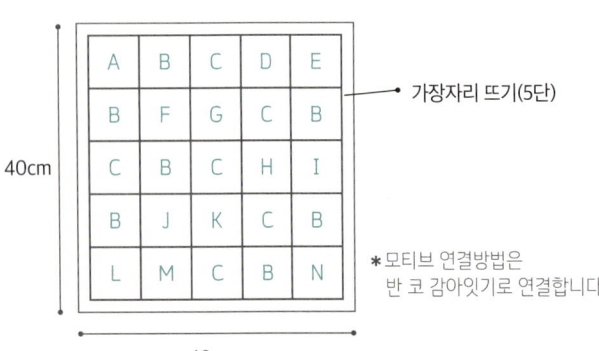

● 가장자리 뜨기 (5단)

* 모티브 연결방법은
반 코 감아잇기로 연결합니다.

40cm

40cm

가장자리 뜨기

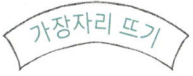

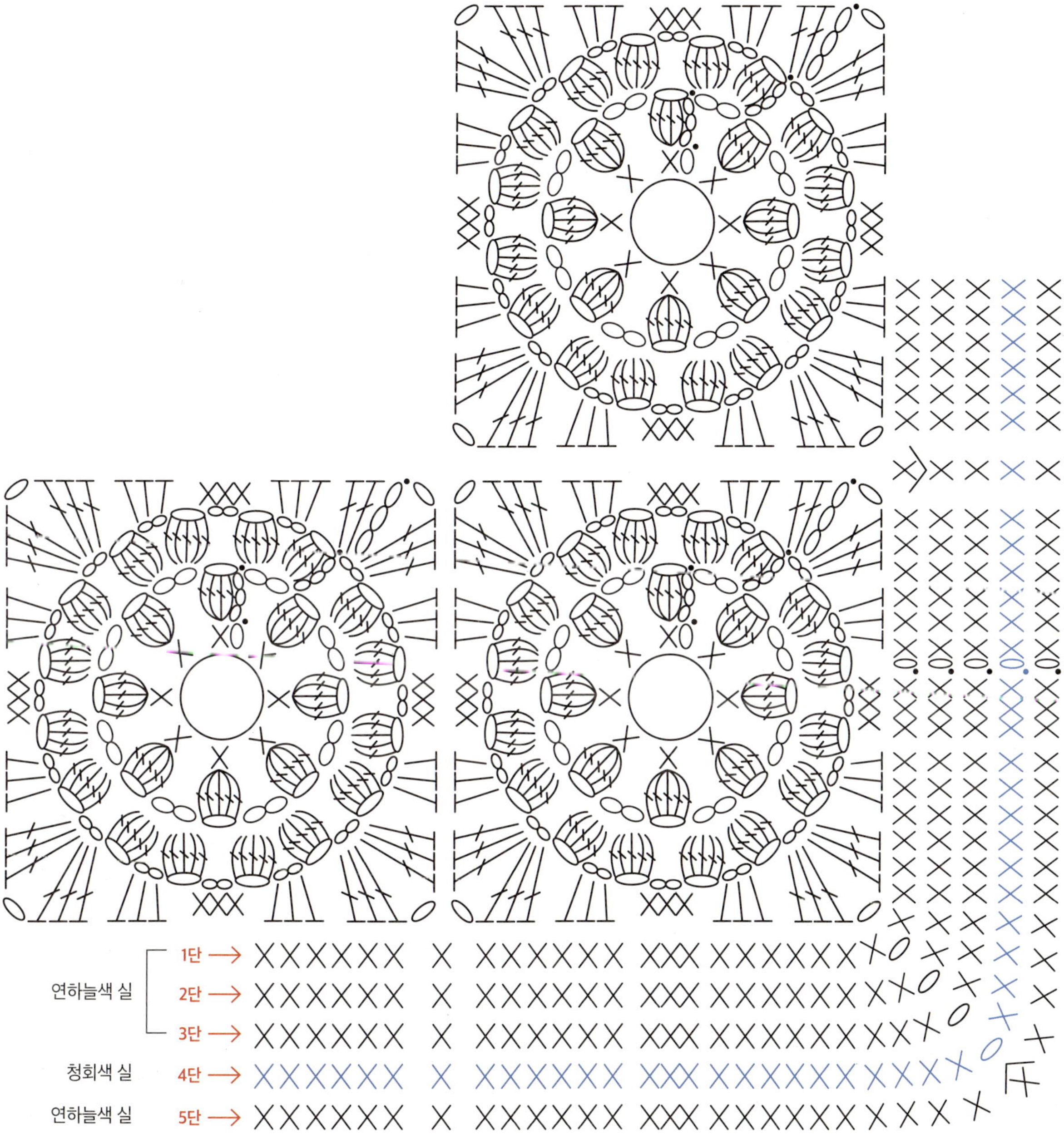
1단
2단
3단
연하늘색 실
4단
청회색 실
5단
연하늘색 실

원형 쿠션

완성 사이즈
지름 40cm 원형

● 다섯 가지 색상 배색으로
● 빈티지한 느낌을 살린 **원형쿠션**

소파나 의자, 거실 바닥에 두기만 해도
센스 만점! 유니크함이 돋보입니다.

READY

올사(인디핑크색, 하늘색, 진보라색, 그린색, 주황색), 지름 40cm 원형 쿠션솜

† 바늘
코바늘 5호

HOW TO MAKE

1 ∞ 원형코 뜨기
인디핑크색 실로 사슬뜨기 5코를 떠서 원형코를 만듭니다.

2 ∞ 무늬 뜨기
원형코에 사슬 3코 기둥을 세우고 한길긴뜨기를 뜹니다. 2단부터 앞걸어뜨기로 매 단마다 12코씩 늘리면서 20단까지 뜹니다. 21, 22단은 늘림 없이 떠줍니다. 같은 방법으로 앞, 뒤판 2매를 뜹니다.

3 ∞ 쿠션 솜 넣으면서 연결하기
주황색 실로 앞, 뒤판을 안면끼리 마주대고 짧은뜨기로 연결합니다. 쿠션의 2/3 정도를 연결하다가 솜을 넣고 나머지를 연결해서 완성합니다.

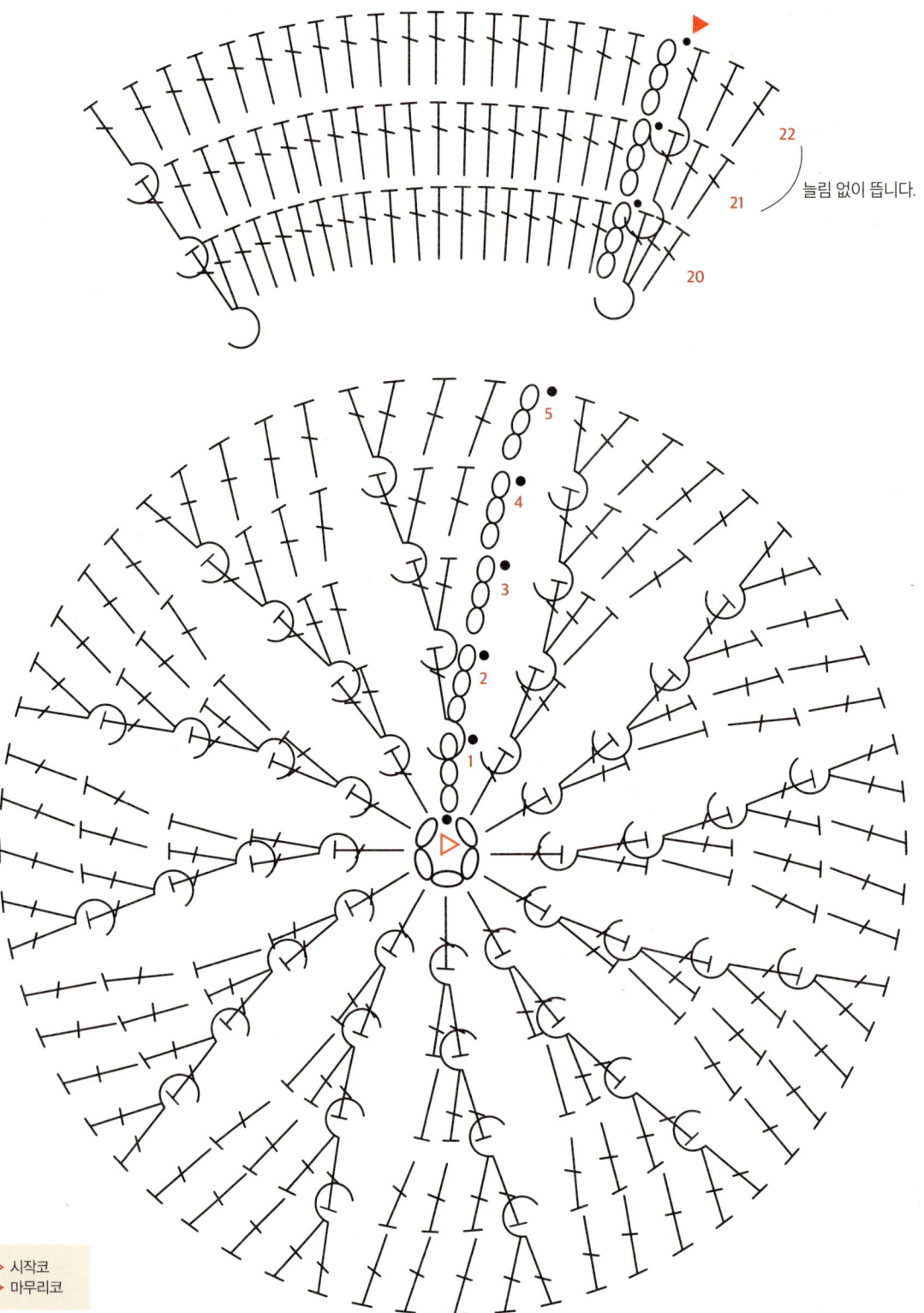

늘림 없이 뜹니다.

▷ 시작코
▶ 마무리코

∞ 콧수와 코 늘리기

단	콧수	코 늘리기
21~22단	240코	
20단	240코	+12코
19단	228코	+12코
18단	216코	+12코
17단	204코	+12코
16단	192코	+12코
15단	180코	+12코
14단	168코	+12코
13단	156코	+12코
12단	144코	+12코
11단	132코	+12코
10단	120코	+12코
9단	108코	+12코
8단	96코	+12코
7단	84코	+12코
6단	72코	+12코
5단	60코	+12코
4단	48코	+12코
3단	36코	+12코
2단	24코	+12코
1단	12코	

∞ 색상 배색표

단	실 색상
21~22단	주황색
20단	그린색
19단	주황색
16~18단	그린색
15단	진보라색
14단	그린색
11~13단	진보라색
10단	하늘색
9단	진보라색
6~8단	하늘색
5단	인디핑크색
4단	하늘색
1~3단	인디핑크색

타원형 현관 매트

완성 사이즈
가로 73cm, 세로 36cm
타원

- 한길긴뜨기 하나만으로도
- 멋지게 완성할 수 있는 **현관 매트**

현관 출입할 때 기분을 상쾌하게 하는
실용적인 소품입니다.

READY

면사 2겹(진청색 외 20종)

† 바늘

고미늘 6호

HOW TO MAKE

1 ∞ 시작코 뜨기

진청색 실 2겹으로 사슬뜨기 60코를 뜹니다.

2 ∞ 매트 뜨기

시작코에 사슬 3코 기둥을 세우고 한길긴뜨기를 타원형으로 뜹니다. 2단부터 타원형 양쪽에서 매 단마다 14코씩 늘리면서 15단까지 뜹니다. 한길긴뜨기를 뜨면서 취향에 따라 배색을 합니다.

3 ∞ 가장자리 뜨기

사슬뜨기와 짧은뜨기로 가장자리 2단을 떠서 마무리합니다.

✓ 매트 뒷면에 밀림 방지 원단을 덧대면 더 안전하게 사용할 수 있습니다.

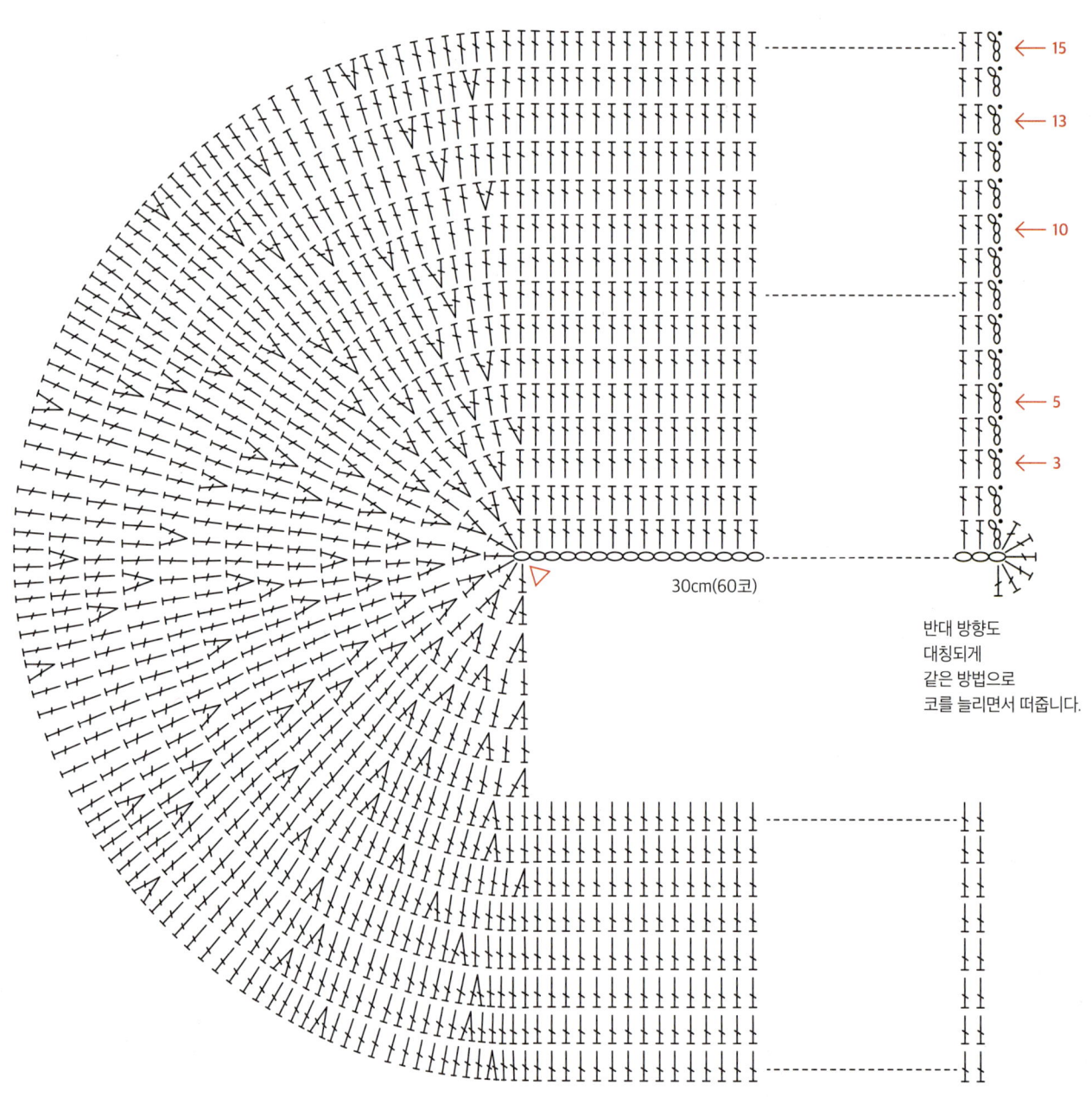

∞ 콧수와 코 늘리기

단	콧수	코 늘리기
15단	326코	+14코
14단	312코	+14코
13단	298코	+14코
12단	284코	+14코
11단	270코	+14코
10단	256코	+14코
9단	242코	+14코
8단	228코	+14코
7단	214코	+14코
6단	200코	+14코
5단	186코	+14코
4단	172코	+14코
3단	158코	+14코
2단	144코	+14코
1단	130코	

가장자리 뜨기

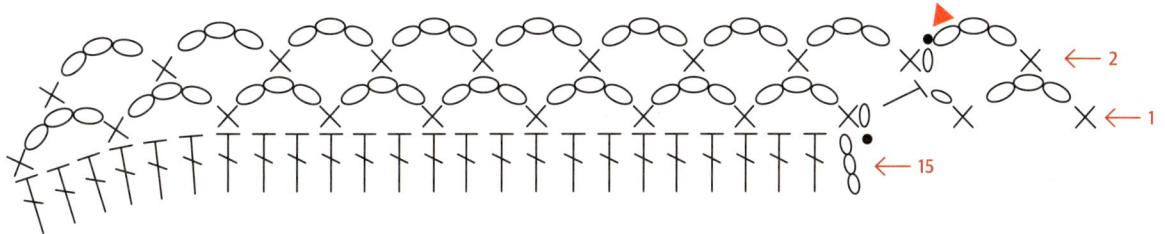

▷ 시작코
▶ 마무리코

하트 스툴 커버

완성 사이즈
지름 30cm

● 사용 중인 스툴에 새 느낌을 더해본
하트 스툴 커버

하트 문양으로 사랑스런 느낌을 살려보았습니다.
색상을 달리 하여 계절별로 바꿔주어도
새로운 기분을 느낄 수 있습니다.

READY

면사 2겹(겨자색, 회색, 그린색, 브라운색,
아이보리색, 다홍색, 파란색, 보라색)

✝ 바늘
코바늘 6호

HOW TO MAKE

1 ∞ 원형코 뜨기

겨자색 실과 회색 실을 합사하여 원형코를 만듭니다.

2 ∞ 무늬 뜨기

원형코에 사슬 1코 기둥을 세우고 짧은뜨기를 뜹니다. 도안을 참고하여 무늬를 떠줍니다. 16, 17단은 한길긴뜨기로 줄이면서 뜨고 18단은 짧은뜨기로 마무리합니다.

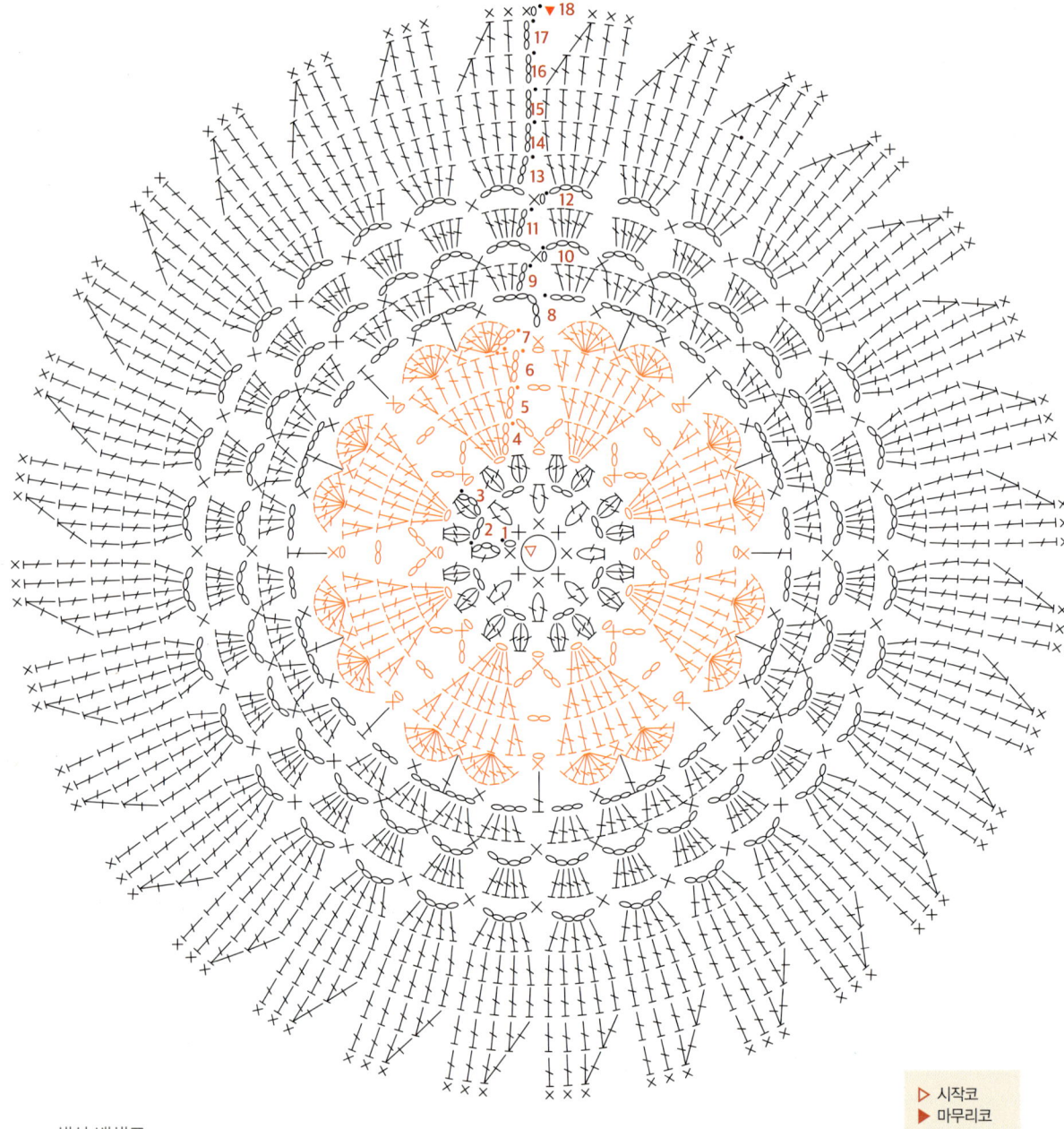

∞ 색상 배색표

단	실 색상
14~18단	그린색+보라색
12,13단	아이보리색+파란색
8~11단	파란색+보라색
4~7단	아이보리색+다홍색
3단	그린색+브라운색
1,2단	겨자색+회색

▷ 시작코
▶ 마무리코

건강 물주머니 커버

완성 사이즈
가로 20cm, 세로 27cm,
입구 6cm

몸과 마음까지 건강하게 하는
웰빙 물주머니 커버

겨울에는 따뜻한 보온용,
여름에는 시원한 보냉용으로
쓰임이 다양한 건강 물주머니 커버에
패션 미까지 살려보았습니다.

READY

울사(빨간색 외 15종)

† 바늘

코바늘 5호, 돗바늘

HOW TO MAKE

1 ∞ 모티브 뜨기
사슬뜨기 4코로 원형코를 만듭니다. 사각 모티브를 한길긴뜨기로 매 단마다 배색을 하면서 3단까지 뜹니다. 같은 방법으로 앞, 뒷면의 모티브 24장을 뜹니다.

2 ∞ 모티브 연결하기
돗바늘을 이용하여 반 코 감아잇기로 모티브 12장씩 2매를 연결합니다.

3 ∞ 연결한 모티브 둘레 뜨기
연결한 모티브의 둘레를 빨간색 실로 한길긴뜨기 줄기뜨기 1단과 한길긴뜨기 2단을 뜹니다.

4 ∞ 물주머니 입구 뜨기
입구 부분 17코를 남기고 안면끼리 마주대고 2장을 겹쳐서 짧은뜨기로 연결합니다. 남겨 놓은 코에서 원통형으로 38코를 잡아 한길긴뜨기 7단을 뜨고 짧은뜨기 1단을 떠서 완성합니다.

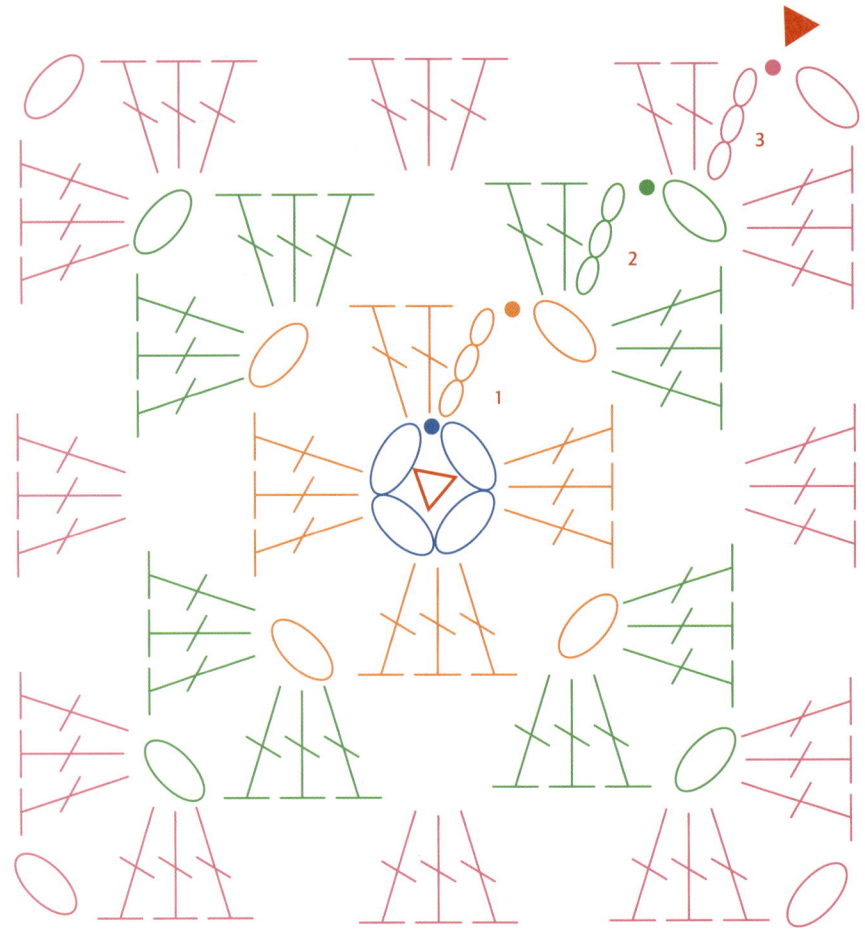

▷ 시작코
▶ 마무리코

 물주머니 커버

물주머니 입구

남겨놓은 34코의 입구 부분을 원통형으로 38코를 잡아서 뜹니다.

입구 부분은 17코를 남기고 짧은뜨기로 앞, 뒤판을 연결합니다.

▷ 시작코
▶ 마무리코

꿈과 사랑을 부르는 **별과 나무 가랜드**

현관이나 아이들 방문에 걸어두면
사랑과 행복이 전해집니다.

READY

울사(연하늘색, 민트색, 연인디핑크색, 다홍색, 연노란색, 하늘색, 그린색, 진밤색, 황토색)

† 바늘
코바늘 5호

HOW TO MAKE

1 ∞ 별 뜨기

사슬뜨기 5코로 원형코를 만들어 사슬뜨기와 한길긴뜨기로 3단까지 뜨고 4단은 짧은뜨기로 뜹니다.

2 ∞ 나무 뜨기

그린색 실을 사슬뜨기 5코로 원형코를 만들어 사슬뜨기와 한길긴뜨기로 3단까지 뜨고 4단은 짧은뜨기로 뜹니다. 진밤색 실로 사슬 4코 기둥을 세우고 두길긴뜨기로 나무 기둥을 뜹니다.

3 ∞ 가랜드 만들기

황토색 실로 사슬뜨기를 뜨면서 별, 나무, 별, 나무, 별 순으로 연결하여 완성합니다.

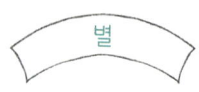
별

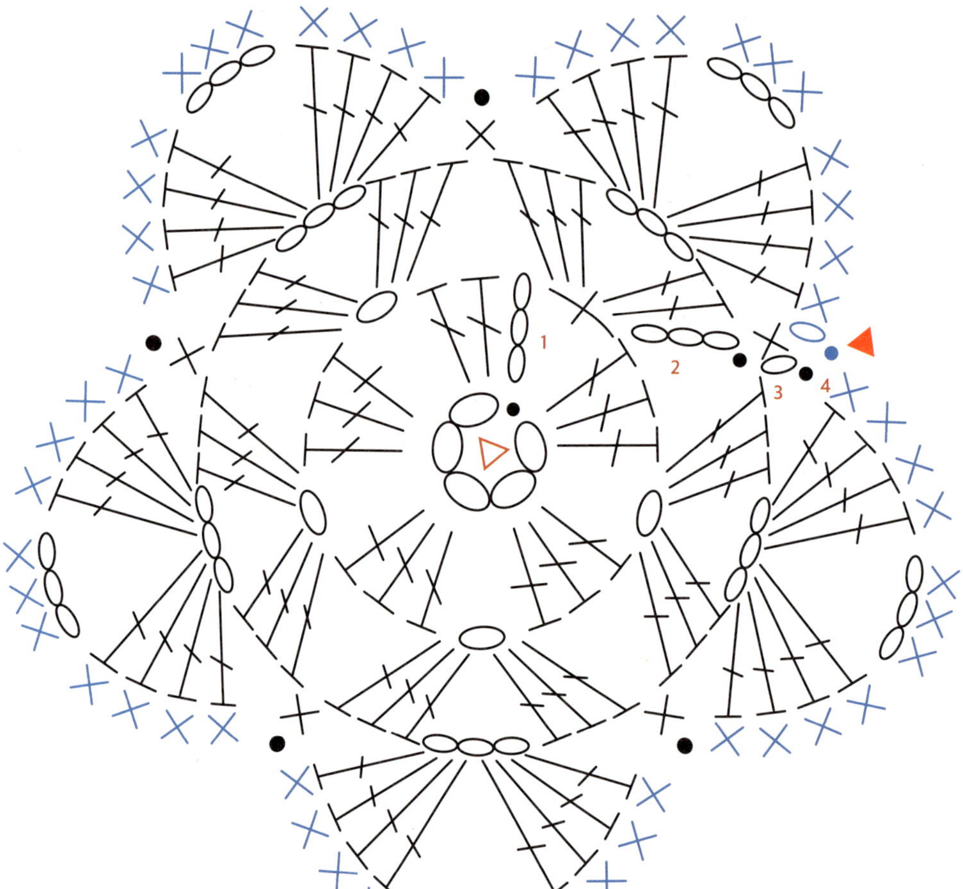

▷ 시작코
▶ 마무리코

나무

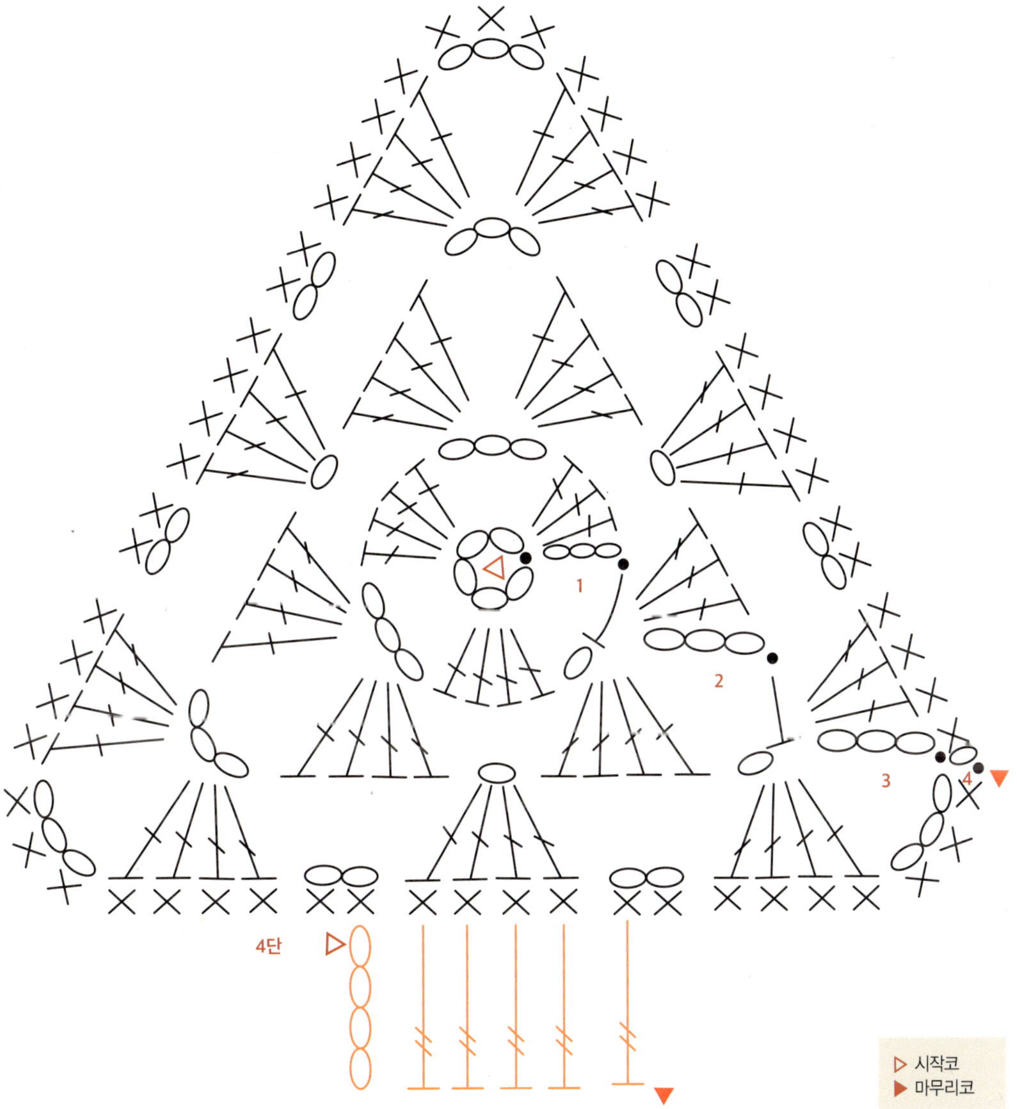

▷ 시작코
▶ 마무리코

VINTAGE

3;
빈티지 패션 소품

크로쉐란 실과 바늘로 내 마음의 한 코 한 코 엮어 만들어가는 사랑의 표현이다.
- '바느질닷컴'의 로제 -

삼각 동전 지갑

완성 사이즈
가로 10cm, 높이 8cm

알뜰한 당신에게 꼭 필요한
삼각 동전 지갑

입체적인 삼각 동전 지갑이에요.
굴러다니는 동전에게 새 집을 지어주세요.

READY

면사 2겹(베이지색, 연주황색), 10cm 지퍼 1개

✝ 바늘

코바늘 6호

HOW TO MAKE

1 ∞ 시작코 뜨기
면사 2겹으로 사슬뜨기 40코를 뜹니다.

2 ∞ 평면 뜨기
시작코에 사슬 1코 기둥을 세우고 짧은뜨기를 18단 뜹니다.

3 ∞ 삼각 동전 지갑 만들기
돗바늘에 실을 꿴 다음 바닥면을 반으로 접어 안쪽에서 감침질로 연결합니다. 98페이지 그림처럼 같은 문양이 만나도록 연결합니다.

4 ∞ 지퍼 달고, 고리 뜨기
열린 부분에 지퍼를 튼튼하게 달고 연주황색 실 3겹으로 사슬뜨기 15코를 떠서 고리를 만들어줍니다.

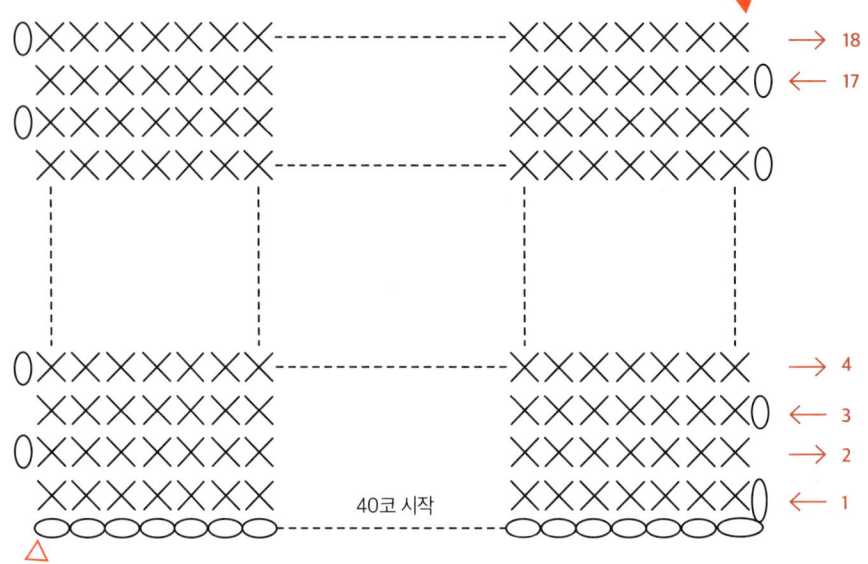

고리는 연주황색 실 3겹으로
사슬뜨기 15코를 뜬 후
안쪽에서 고정시킵니다.

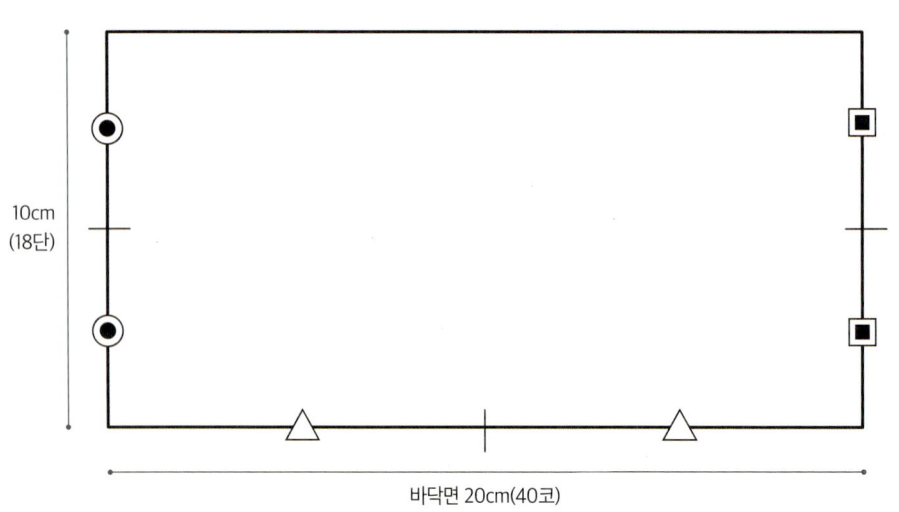

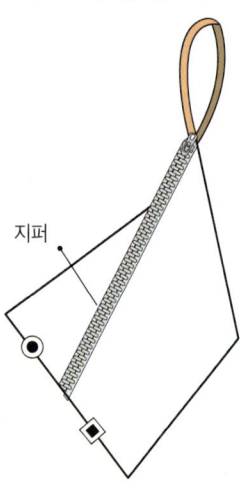

코르사주 브로치

완성 사이즈
지름 6.5cm

🌸 뜨개와 싸개 단추가 만나 멋진 조화를 이룬
코르사주 브로치

재킷, 원피스, 가방 등에 달면 센스 있게
연출할 수 있는 감각적인 패션 소품입니다.

READY

울사 2겹(진보라색, 인디핑크색), 브로치
핀, 싸개단추

🪡 바늘
코바늘 8호

HOW TO MAKE

1 ∞ 원형코 뜨기
울사 2겹을 감아 원형코를 만듭니다.

2 ∞ 코르사주 뜨기
원형코에 짧은뜨기 10코를 뜹니다. 사슬뜨기와 한길긴뜨기 8코 구슬뜨기로 꽃잎을 5개 뜹니다.

3 ∞ 싸개단추 달기
중심 부분에 싸개단추를 달아줍니다.

4 ∞ 브로치 핀 붙이기
코르사주 뒷면에 브로치 핀을 붙여서 완성합니다.

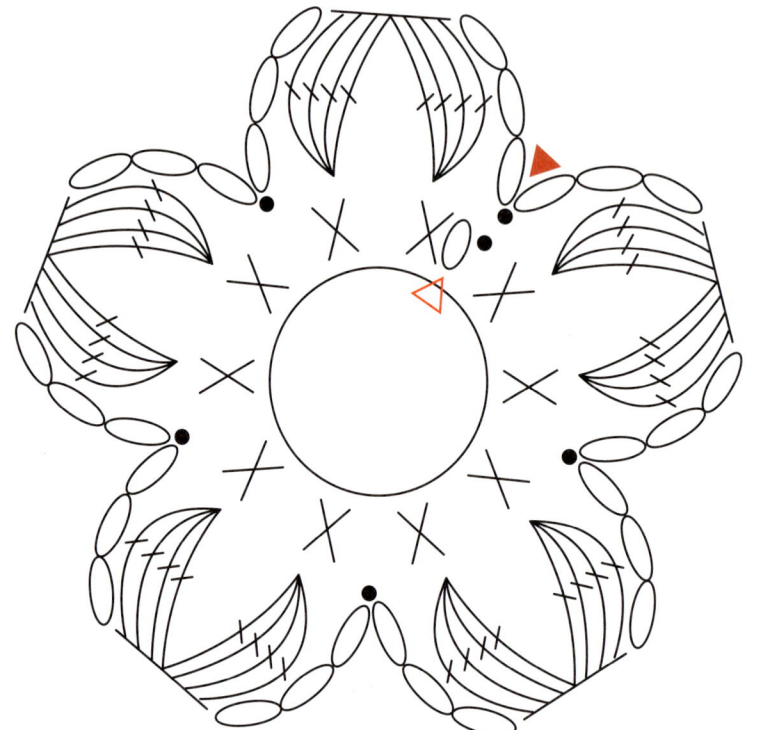

▷ 시작코
▶ 마무리코

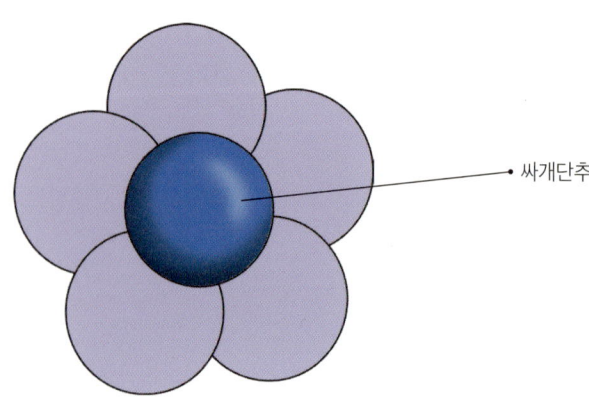
• 싸개단추

북 커버

완성 사이즈
가로 41cm, 세로 22cm

책을 좋아하는 분과 어울리는 **북 커버**

심플한 디자인에 빈티지한 스티치를 넣어
책을 소중하게 감쌀 수 있도록 만든 북 커버입니다.

READY

울사(청회색, 베이지색, 장식 스티치용 6종)

바늘
코바늘 5호, 돗바늘

HOW TO MAKE

1 ∞ 시작코 뜨기
청회색 실로 사슬뜨기 50코를 뜹니다.

2 ∞ 북 커버 뜨기
시작코에 사슬 1코 기둥을 세우고 짧은뜨기를 색상 배색표를 참고하여 120단을 뜹니다. 121단부터 양쪽 줄이기로 2단마다 2코씩 줄이면서 12단을 뜹니다. 북 커버 앞쪽 면에 홈질로 장식 스티치를 해줍니다.

3 ∞ 고정끈 뜨기
청회색 실로 시작코 50코를 뜬 후 짧은뜨기 4단을 뜹니다.

4 ∞ 책갈피 뜨기
청회색 실로 사슬뜨기 65코를 뜨고 베이지색으로 잎을 떠서 달아줍니다.

5 ∞ 북 커버 마무리하기
107페이지 그림처럼 21단째를 접고 책갈피와 고정끈을 위치에 맞추어 꿰맨 후 북 커버 둘레를 2단에 1코씩 짧은뜨기로 떠서 마무리합니다.

북 커버

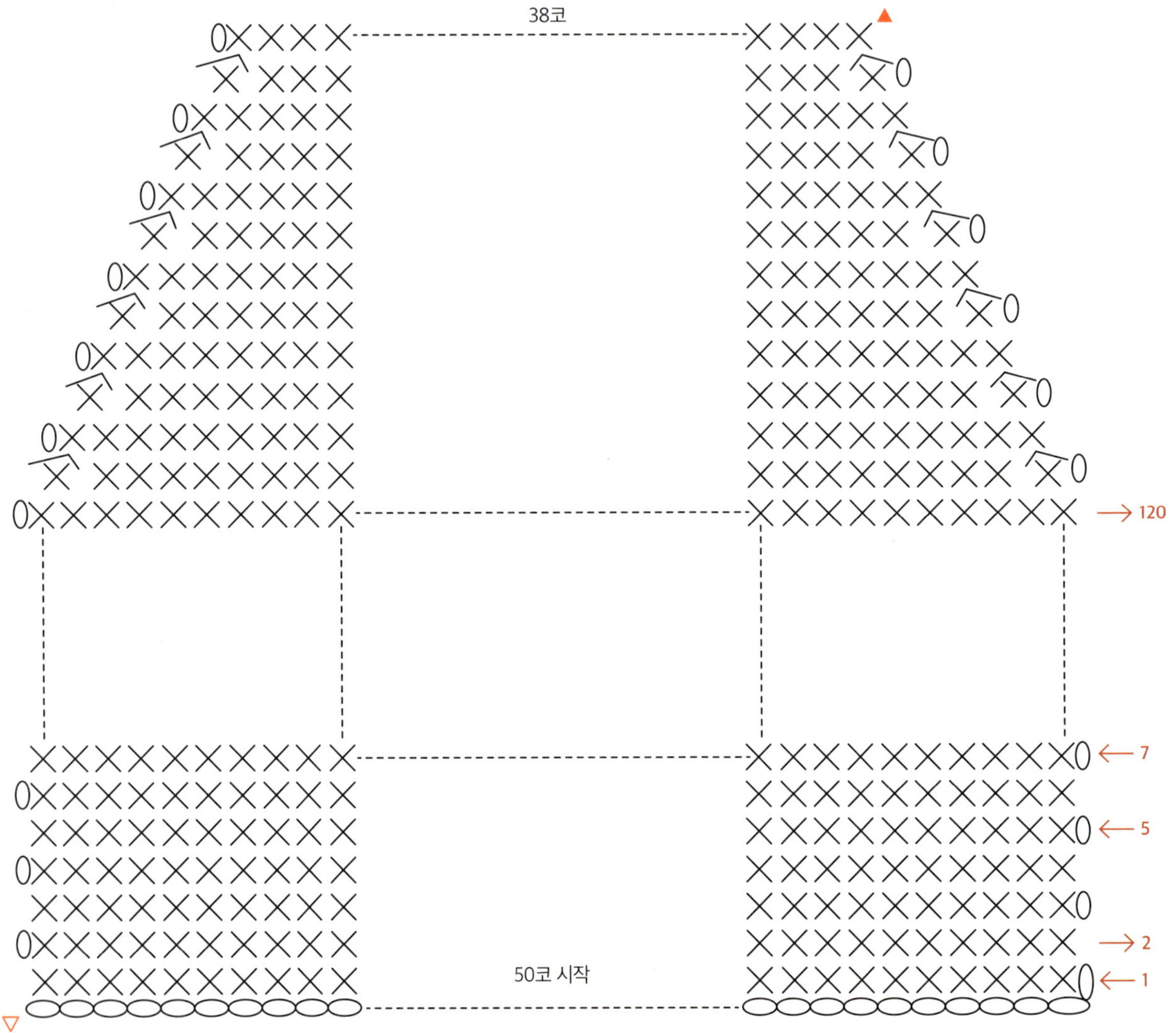

38코

→ 120
← 7
← 5
→ 2
← 1

50코 시작

▷ 시작코
▶ 마무리코

고정끈

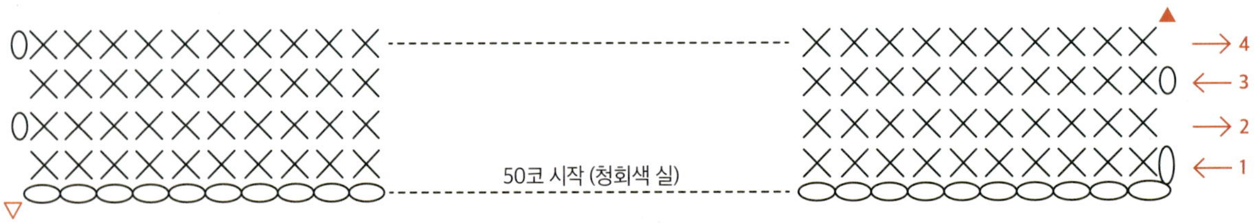

→ 4
← 3
→ 2
← 1

50코 시작 (청회색 실)

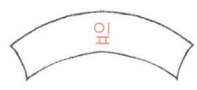

23cm(65코) 청회색 실

3.5cm 베이지색 실

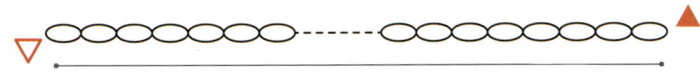

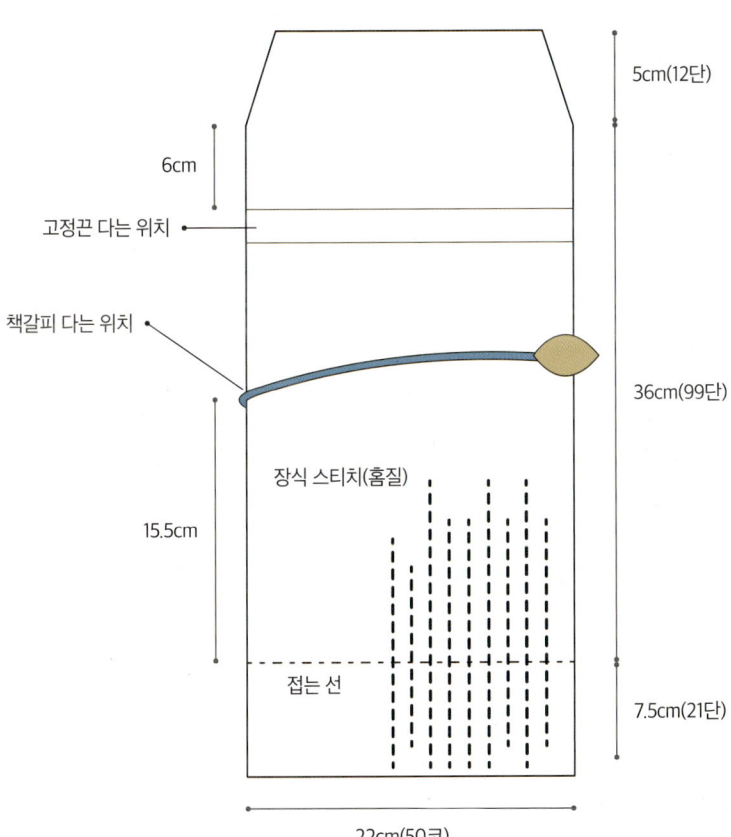

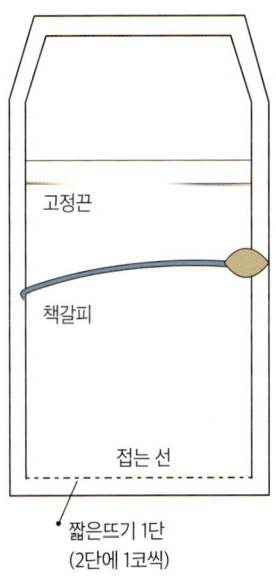

∞ 색상 배색표

단	실 색상
84~132단	베이지색
81~83단	청회색
79~80단	베이지색
1~78단	청회색

커피컵 슬리브

완성 사이즈
가로(넓은 쪽) 11cm, 세로 7cm

- 테이크아웃 커피 한 잔에도
- 남다른 감각이 돋보이는 **커피컵 슬리브**

휴대하고 다니면서 활용하면
지구를 살리는 친환경 아이템입니다.

 READY

울사(연살구색, 베이지색, 하늘색, 빨간색, 브라운색)

✝ 바늘

코바늘 5호, 6호

HOW TO MAKE

1 ∞ 시작코 뜨기
코바늘 5호로 사슬뜨기 54코를 원통형으로 뜹니다.

2 ∞ 무늬 뜨기
시작코에 사슬 1코 기둥을 세우고 짧은뜨기를 뜹니다. 짧은뜨기, 사슬뜨기, 한 길긴뜨기로 무늬 뜨기를 코바늘 5호로 6단까지 뜹니다. 코바늘 6호로 바늘을 바꾸어서 7단에서 11단까지 뜹니다.

단	빨간색 홀더	하늘색 홀더
10,11단	브라운색	브라운색
9단	베이지색	연살구색
8단	브라운색	브라운색
7단	빨간색	베이지색
6단	브라운색	브라운색
5단	베이지색	하늘색
4단	브라운색	브라운색
3단	연살구색	베이지색
1,2단	브라운색	브라운색

∞ 색상 배색표

← 11
← 10
← 9 6호 코바늘
← 8
← 7
← 6
← 5
← 4 5호 코바늘
← 3
← 2
← 1

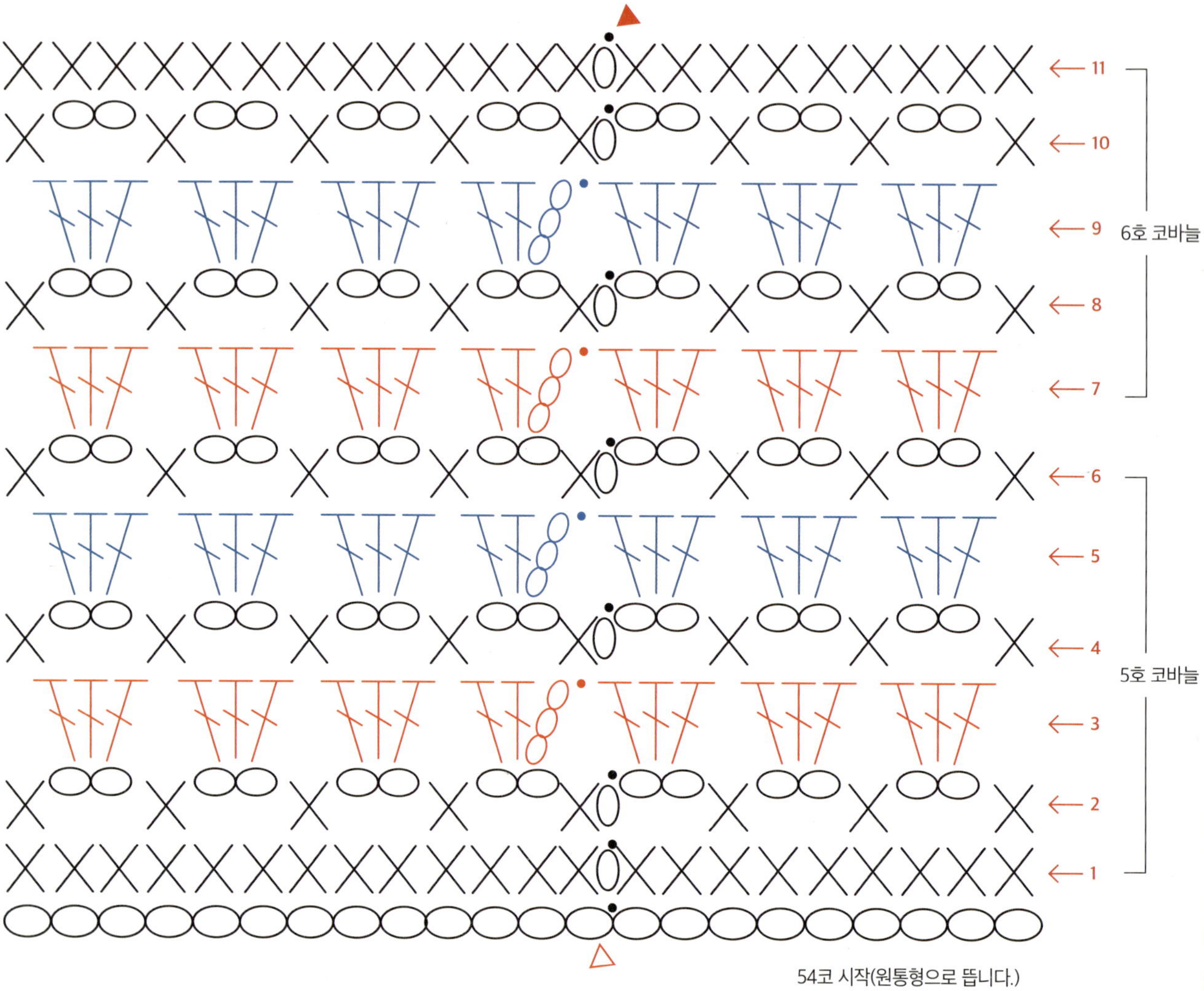

54코 시작(원통형으로 뜹니다.)

▷ 시작코
▶ 마무리코

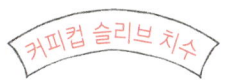

커피컵 슬리브 치수

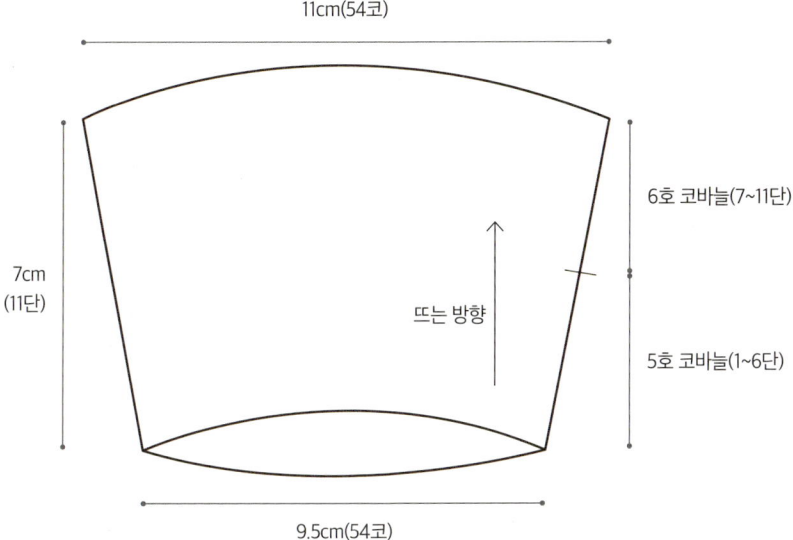

11cm(54코)
7cm
(11단)
6호 코바늘(7~11단)
뜨는 방향
5호 코바늘(1~6단)
9.5cm(54코)

aladiner's note | 2015 Edition
라 퐁텐 우화집

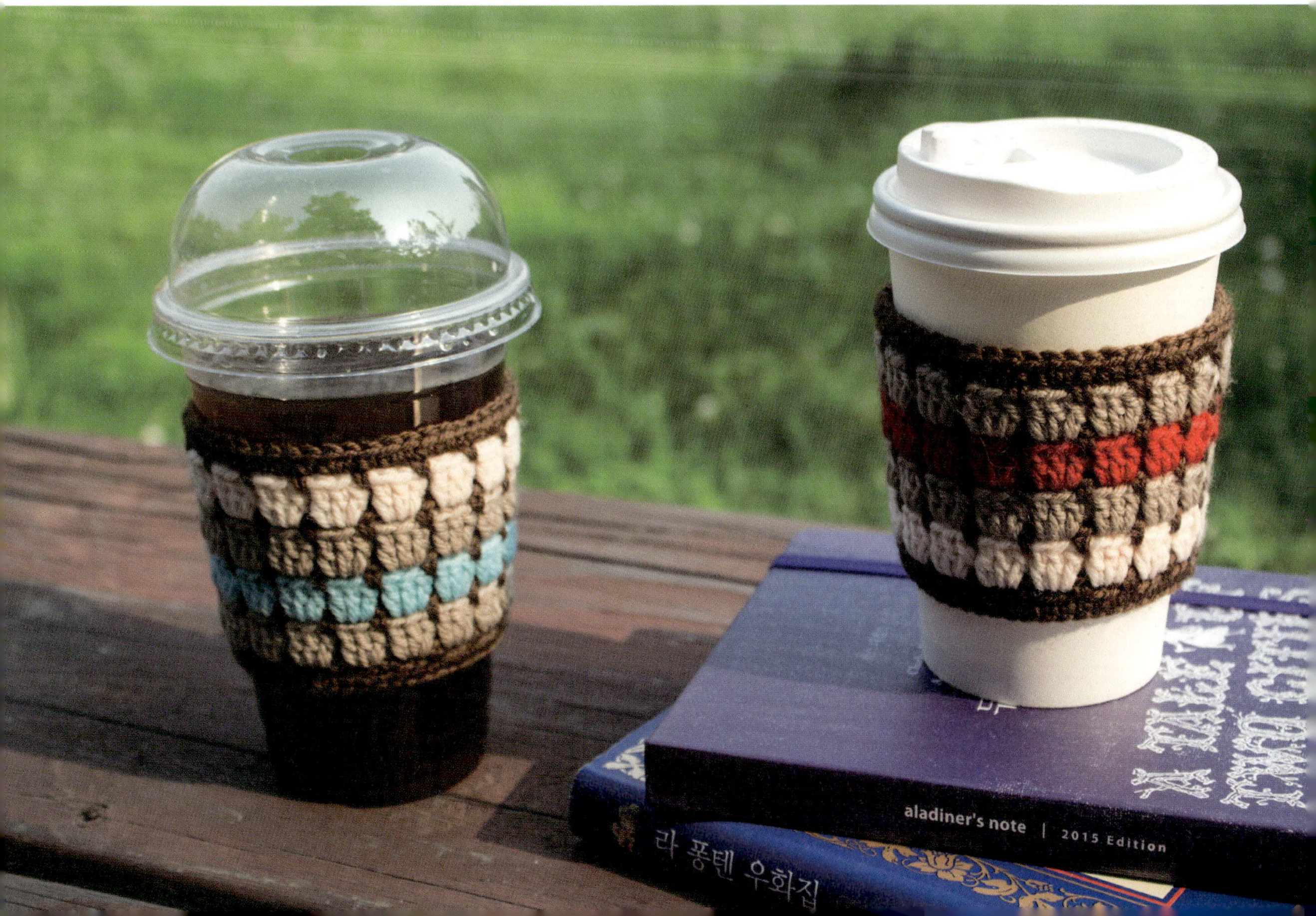

버블 클러치 백

완성 사이즈
가로 29cm, 세로 18.5cm

정장과 캐주얼 모두를 만족시키는
버블 클러치 백

하나쯤 준비해두면 언제든 어느 장소든
들고 다니기 편한 멋쟁이 패션 소품입니다.

READY

울사(진청색, 연하늘색, 다홍), 30cm 지퍼,
인김 원단

바늘
코바늘 5호, 7호, 돗비늘

HOW TO MAKE

1 ∞ 시작코 뜨기
진청색 실과 연하늘색 실을 합사하여 코바늘 7호로 사슬뜨기 43코를 뜹니다.

2 ∞ 무늬 뜨기
시작코에 사슬 1코 기둥을 세우고 짧은뜨기를 뜬 후 짧은뜨기와 한길긴뜨기 3코 구슬뜨기로 45단까지 무늬 뜨기를 합니다.

3 ∞ 옆선 돗바늘로 꿰매기
114페이지 그림과 같이 반으로 접어서 겉면끼리 마주대고 안쪽에서 감침질로 옆선을 꿰매줍니다.

4 ∞ 클러치 백 윗부분 뜨기
원통형으로 86코를 잡아 1단에서 3단까지 뜬 후 다홍색 실 2겹으로 실을 바꾸어 4단은 뒤걸어 짧은뜨기, 5~7단은 짧은뜨기를 뜹니다.

5 ∞ 지퍼달기와 안감 넣기
115~116페이지 그림을 참고하여 먼저 지퍼를 반박음질이나 홈질로 달고 안감을 넣어서 감침질로 마무리합니다.

6 ∞ 방울을 떠서 지퍼 고리에 달기
방울은 코바늘 5호로 다홍색 실 1겹으로 떠서 지퍼 고리에 달아 완성합니다.

무늬 뜨기

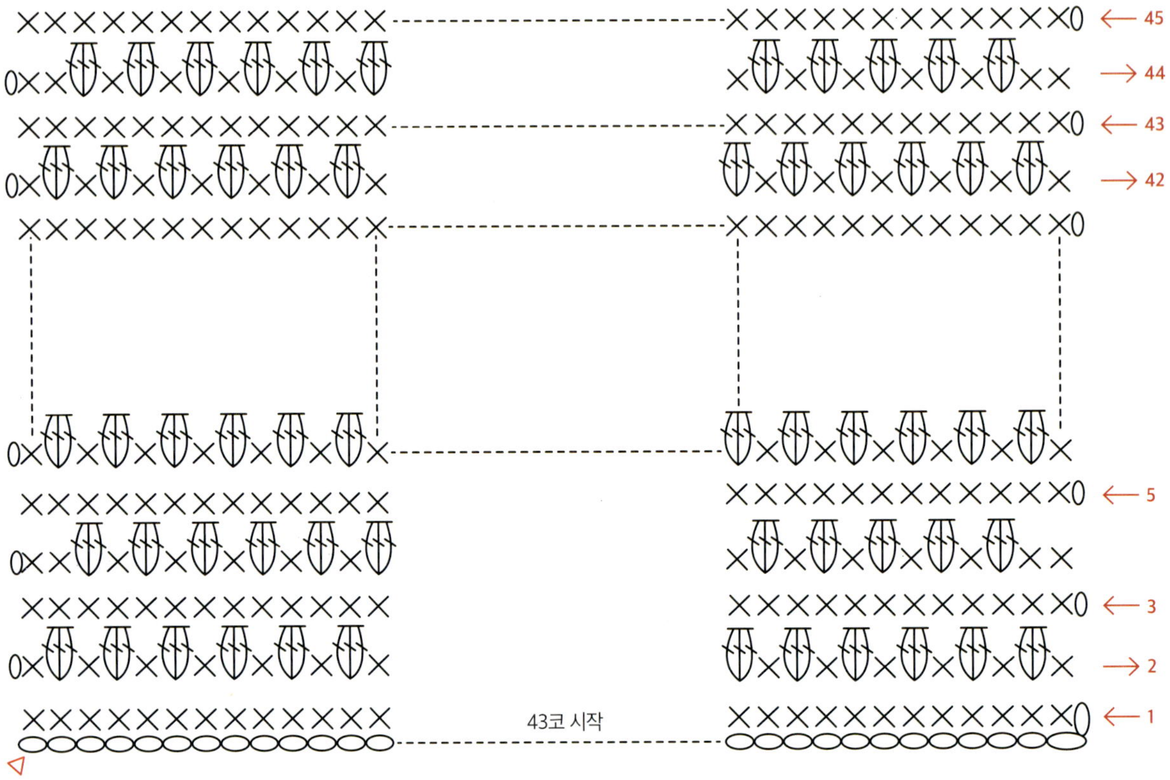

← 45
→ 44
← 43
→ 42

← 5
← 3
→ 2
← 1

43코 시작

옆선 꿰매기

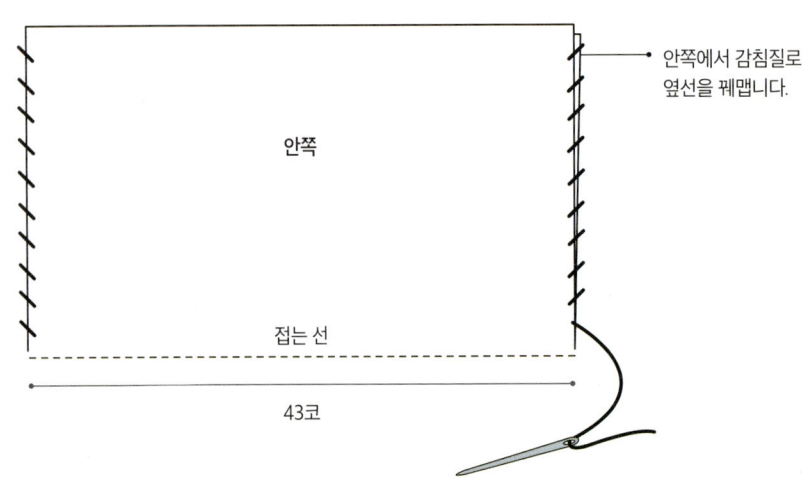

안쪽에서 감침질로 옆선을 꿰맵니다.

안쪽

접는 선

43코

원통형으로 뜹니다.

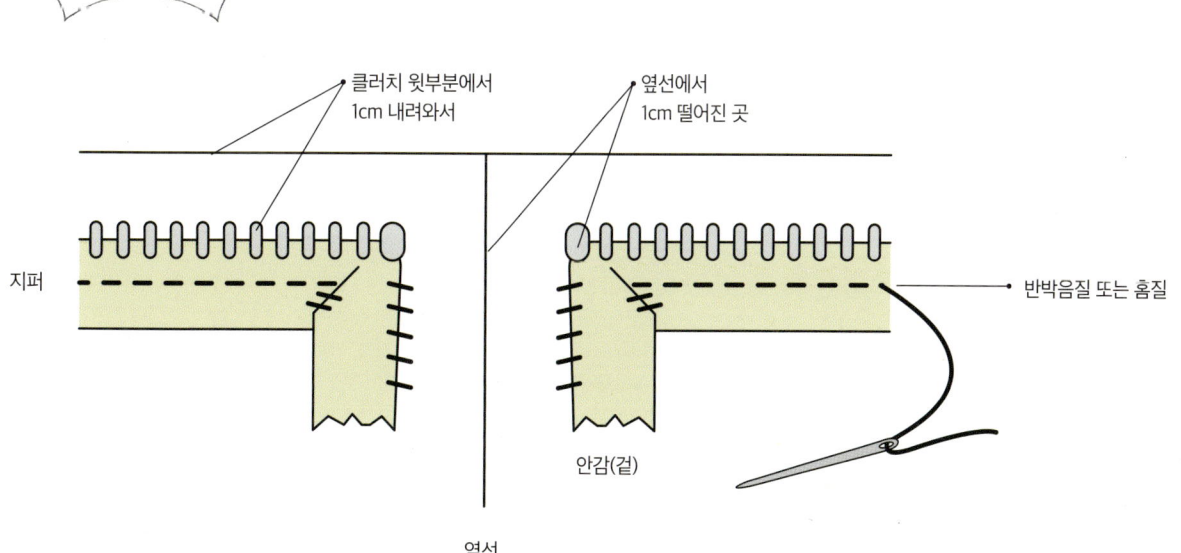

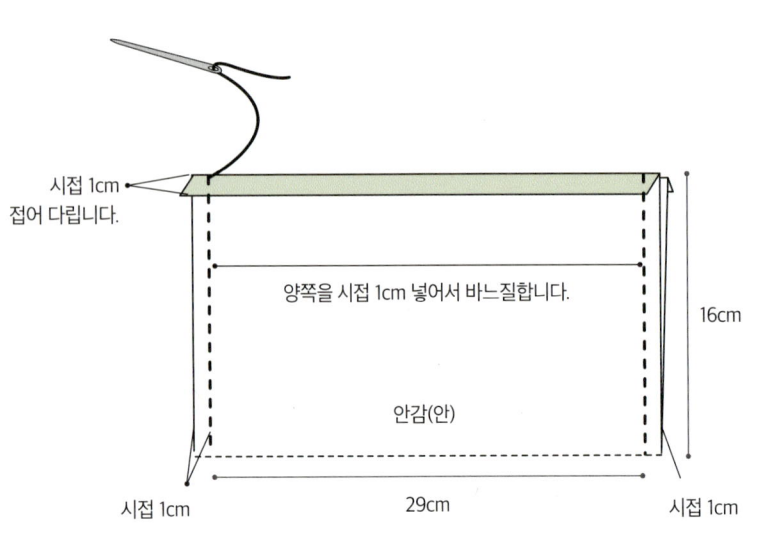

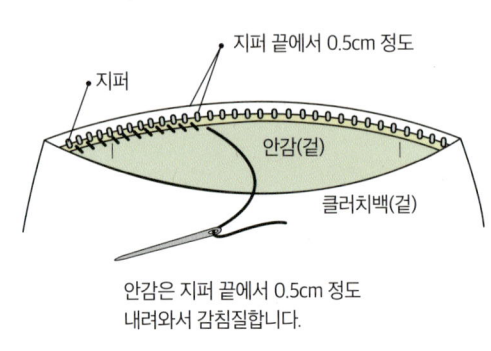

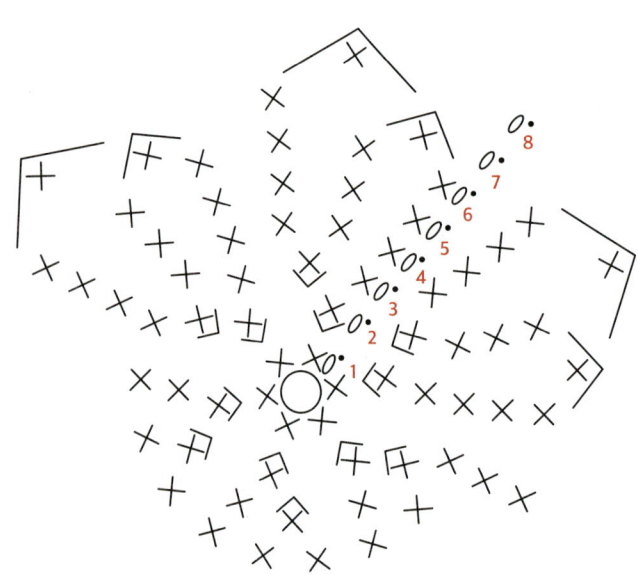

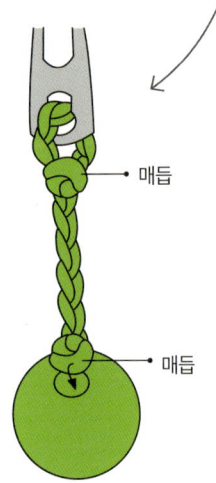

핸드 워머

완성 사이즈
가로 9cm, 세로 16cm

- 손을 따뜻하게 보호해주는
- 포근한 **핸드 워머**

손가락을 자유롭게 움직일 수 있어 휴대전화를 사용할 수 있도록 기능성에 패션 미까지 살려보았습니다. 특히 손이 차가운 분께 권해봅니다.

READY

울사(진보라색, 그린색, 연살구색, 진청색)

✝ 바늘

코바늘 5호

HOW TO MAKE

1 ∞ 시작코 뜨기

진보라색 실로 사슬뜨기 42코를 원통형으로 뜹니다.

2 ∞ 핸드 워머 무늬 뜨기

시작코에 사슬 3코 기둥늘 세우고 한길긴뜨기를 뜹니다. 2단에서 5단까지 앞걸어뜨기와 뒤걸어뜨기를 뜹니다. 색상 배색표를 참고하여 6단부터 한길긴뜨기 2코 구슬뜨기로 무늬 뜨기를 11단까지 뜨고 12단째에 사슬뜨기로 엄지손가락 부분을 뜹니다. 진보라색으로 16~18단까지 앞걸어뜨기와 뒤걸어뜨기를 뜹니다.

왼쪽 핸드워머

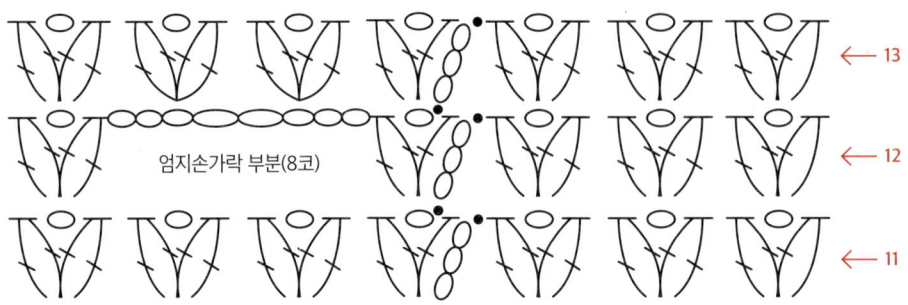

엄지손가락 부분(8코)

오른쪽 핸드워머

▷ 시작코
▶ 마무리코

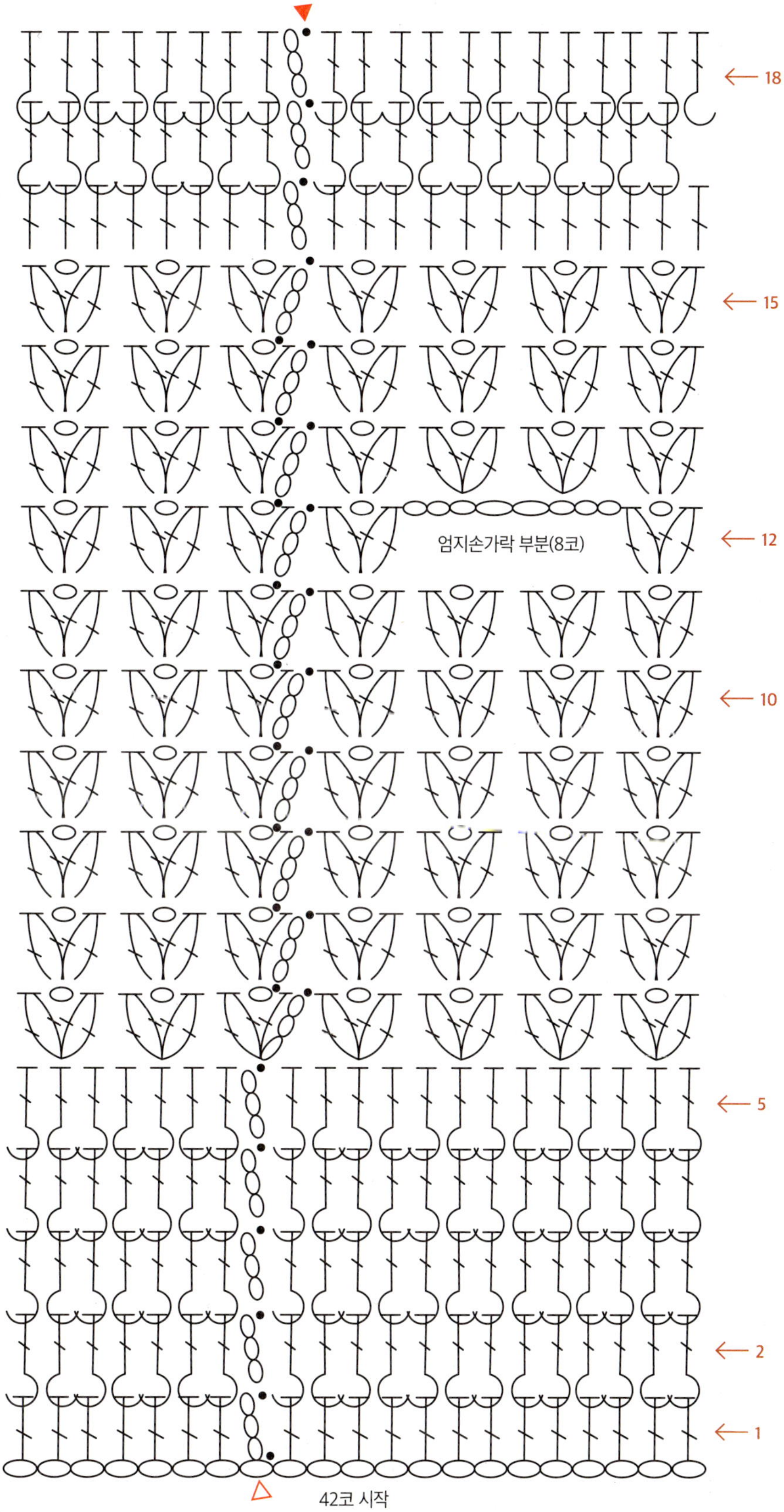

← 18
← 15
← 12
엄지손가락 부분(8코)
← 10
← 5
← 2
← 1

42코 시작

색상 배색표

단	실 색상
16~18단	진보라색
14, 15단	진청색
13단	연살구색
11, 12단	그린색
9, 10단	진청색
8단	연살구색
6, 7단	그린색
1~5단	진보라색

빈티지 양말

완성 사이즈
양말 폭 9.5cm,
길이 23.5cm, 높이 8.5cm

◕ 발이 시릴 때 떠오르는
🎵 따스해 보이는 **빈티지 양말**

패션양말은 물론 수면양말, 룸슈즈로도 적합하고
발을 따뜻하게 감싸주어 건강까지 챙겼답니다.

🧶 READY

올사(진그린색, 연하늘색, 베이지색, 자주색, 황토색)

✝ 바늘

코바늘 5호, 돗바늘

HOW TO MAKE

1 ∞ 시작코 뜨기
진그린색 실로 사슬뜨기 10코를 뜹니다.

2 ∞ 양말 앞부분 뜨기
시작코에 사슬 1코 기둥을 세우고 짧은뜨기를 타원형으로 뜹니다 양쪽에서 4코씩 늘리면서 짧은뜨기를 6단까지 뜹니다. 7, 8단은 늘림 없이 뜹니다. 색상 배색표를 참고하여 9단에서 28단까지 한길긴뜨기와 짧은뜨기를 뜹니다.

3 ∞ 양말 뒷부분 뜨기
중심에서 12코를 남기고 31코를 잡아 12단을 뜹니다. 양말 뒤쪽을 안쪽에서 반 접어 감침질로 연결합니다.

4 ∞ 양말 발목 부분 뜨기
원통형으로 50코를 잡아서 6단까지 무늬 뜨기를 하고 7, 8단은 짧은뜨기로 마무리합니다.

▷ 시작코
▶ 마무리코

← 28
← 14
← 10
← 9
← 8
← 7
6
5
4
3
2
1

10코 시작

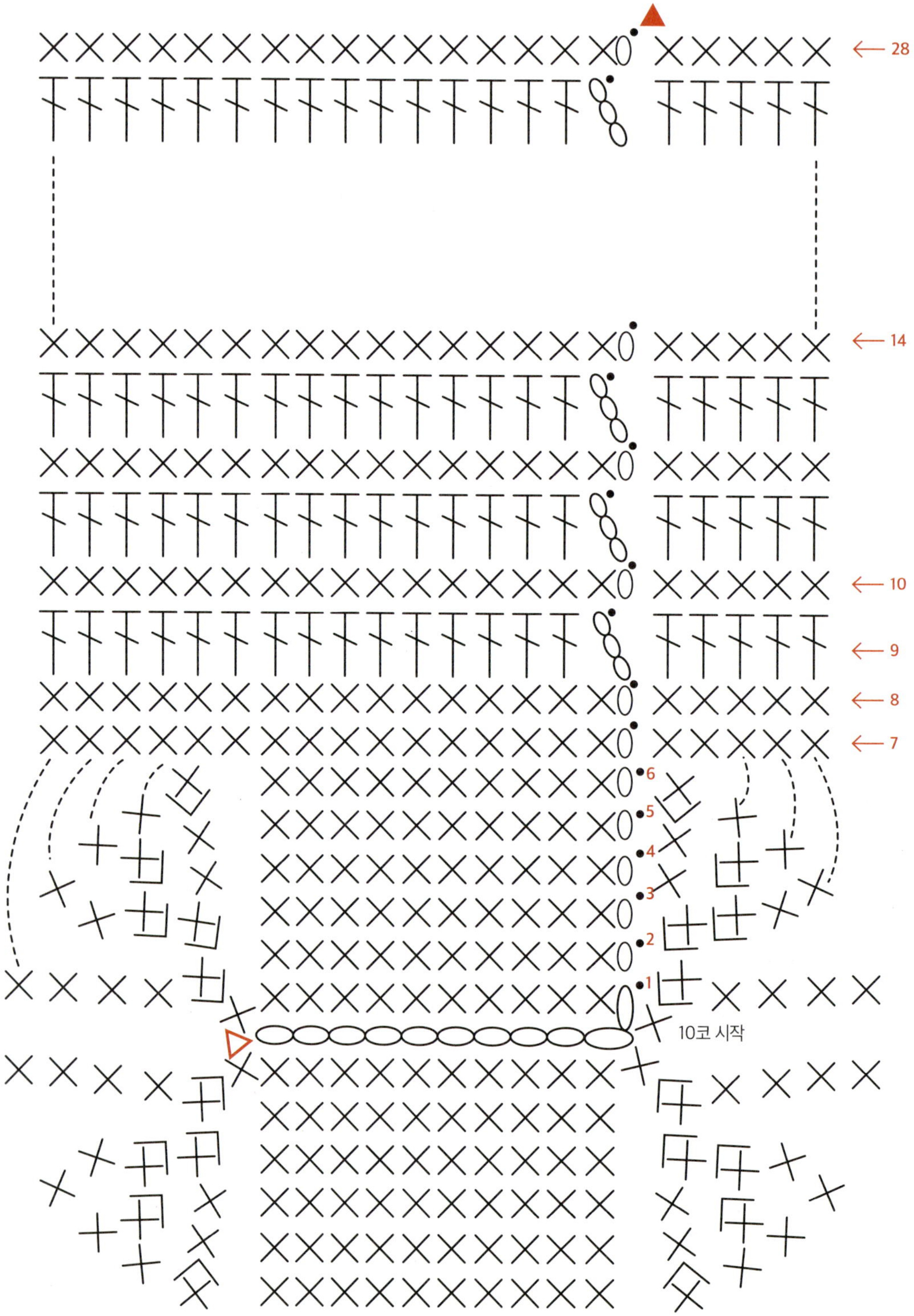

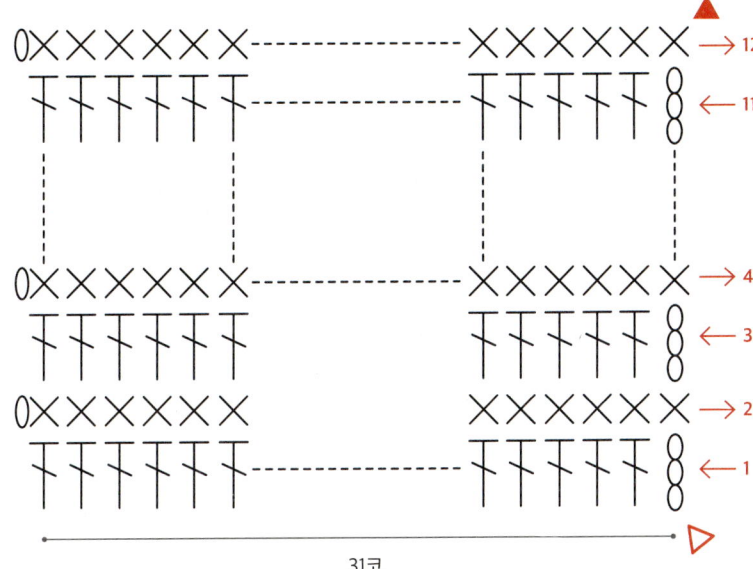

31코

▷ 시작코
▶ 마무리코

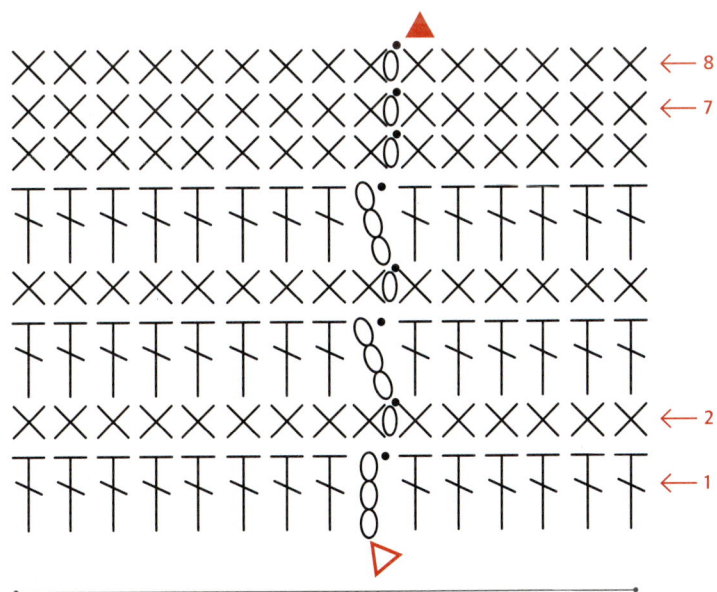

50코 (원통형 뜨기)

▷ 시작코
▶ 마무리코

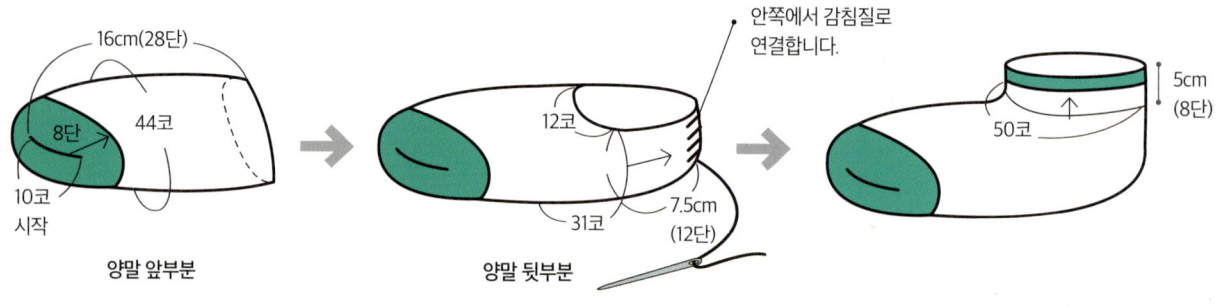

∞ 양말 앞부분 콧수와 코 늘리기

단	콧수	코 늘리기
6단	44코	+4코
5단	40코	+4코
4단	36코	+4코
3단	32코	+4코
2단	28코	+4코
1단	24코	

∞ 양말 앞부분 색상 배색표

단	실 색상
27, 28단	황토색
25, 26단	자주색
23, 24단	베이지색
21, 22단	보라색
19, 20단	연하늘색
17, 18단	황토색
15, 16단	자주색
13, 14단	베이지색
11, 12단	보라색
9, 10단	연하늘색
1~8단	진그린색

∞ 양말 뒷부분 색상 배색표

단	실 색상
11, 12단	연하늘색
9, 10단	황토색
7, 8단	자주색
5, 6단	베이지색
3, 4단	보라색
1, 2단	연하늘색

∞ 양말 발목 부분 색상 배색표

단	실 색상
7, 8단	진그린색
5, 6단	자주색
3, 4단	베이지색
1, 2단	보라색

VINTAGE

빈티지 블랭킷 & 러그

'뜨기의 철학이 있다면 풀기의 미학'도 있는 손뜨개.
푸는 데 주저하면 예쁜 손뜨개를 완성할 수 없다..
- '바느질닷컴'의 로제 -

베이비 큐트 블랭킷

완성 사이즈
가로 60cm, 세로 60cm

● 사랑스런 우리 아기들에게 귀엽게 어울리는
베이비 큐트 블랭킷

달콤한 색상 배열과 가장자리의 폼폼은
아기들의 호기심을 자극합니다.

READY

울사(백아이보리색, 배색 실 12종)

바늘

코바늘 5호

HOW TO MAKE

1 ∞ 모티브 뜨기
사슬뜨기 5코로 원형코를 만들어 한길긴뜨기와 사슬뜨기로 사각 모티브를 뜹니다. 매 단마다 취향대로 색상을 배색합니다.

2 ∞ 모티브 연결하기
모티브의 3단째를 뜨면서 빼뜨기로 연결합니다. 연결 순서대로 81개의 모티브를 연결합니다.

3 ∞ 가장자리 뜨기
백아이보리색 실로 한길긴뜨기와 사슬뜨기로 5단을 뜨고, 6단째는 짧은뜨기를 뜹니다.

4 ∞ 방울 만들기
133페이지 그림처럼 지름 4cm의 방울을 만들어 네 모서리에 튼튼하게 달아 완성합니다.

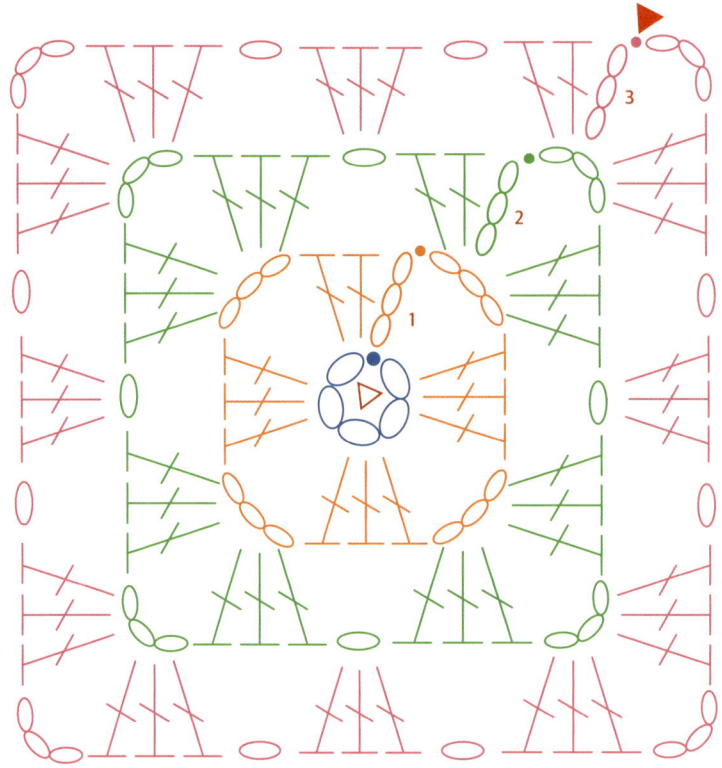

▷ 시작코
▶ 마무리코

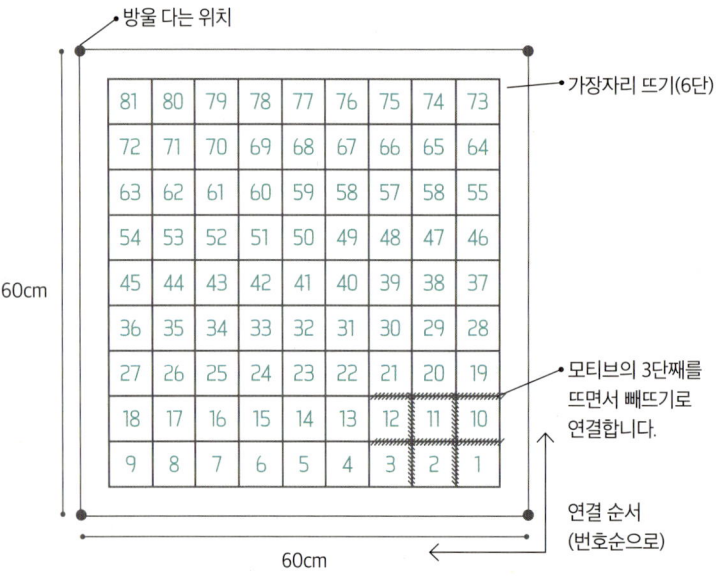

- 방울 다는 위치
- 가장자리 뜨기(6단)
- 모티브의 3단째를 뜨면서 빼뜨기로 연결합니다.
- 연결 순서 (번호순으로)

60cm × 60cm

방울 만들기

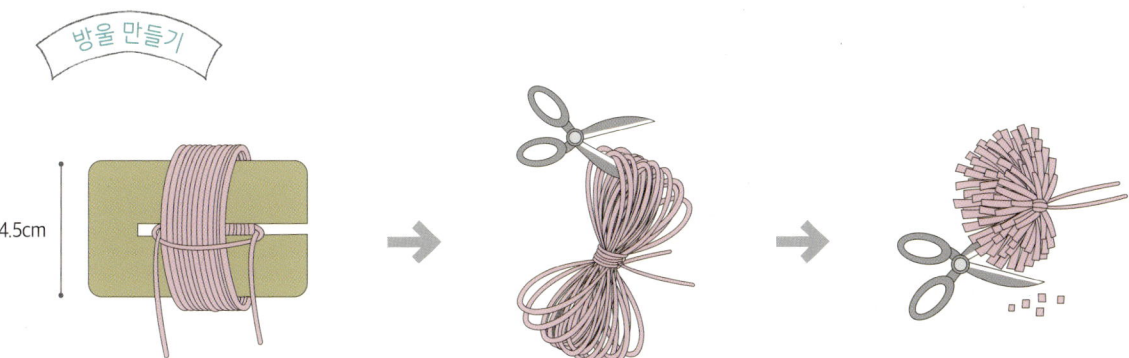

4.5cm

두꺼운 종이를 4.5cm 폭으로 잘라서 중앙에 가위집을 넣어줍니다.
실을 그림처럼 감고 30cm 정도의 실로 감긴 실을 묶어줍니다.

감긴 실을 단단히 묶고 양끝을 가위로 자릅니다.

예쁜 방울 모양이 되도록 둘레를 다듬어 완성합니다.

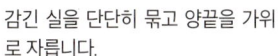

가장자리 뜨기

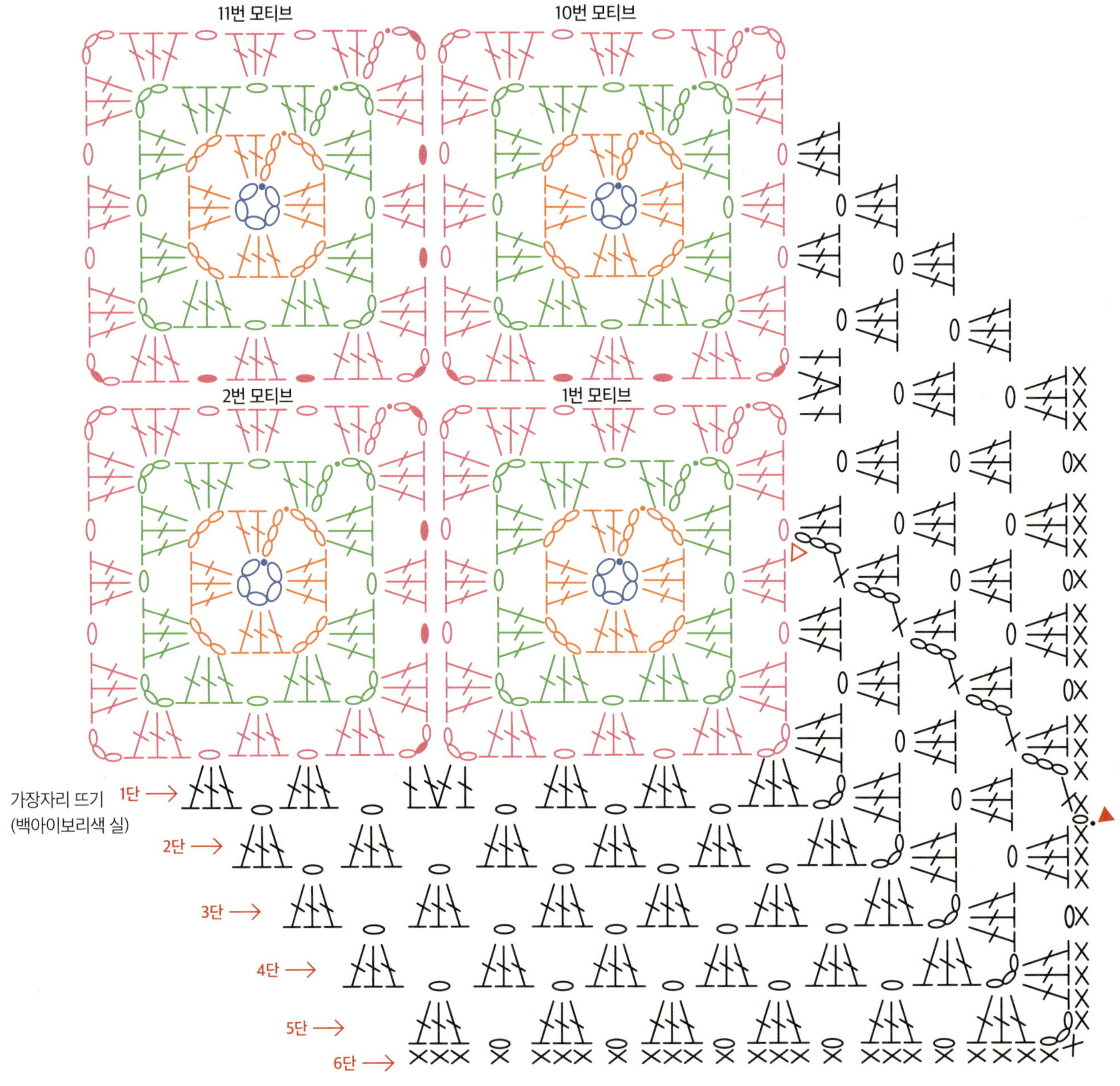

11번 모티브   10번 모티브

2번 모티브   1번 모티브

가장자리 뜨기 1단 →
(백아이보리색 실)
2단 →
3단 →
4단 →
5단 →
6단 →

▷ 시작코
▶ 마무리코

휴대용 미니 블랭킷

완성 사이즈
가로 64cm, 세로 42cm

줄무늬 배색으로 포인트를 살린
휴대용 미니 블랭킷

휴대가 간편한 사이즈로 가방 안에 넣고 다니다
필요할 때 언제든 사용할 수 있는
유용한 아이템이랍니다.

READY

울사(옐로그린색, 연청회색, 인디핑크색,
그린색, 브라운색)

† 바늘
코바늘 5호

HOW TO MAKE

1 ∞ 시작코 뜨기
브라운색 실로 사슬뜨기 163코를 뜹니다

2 ∞ 무늬 뜨기
시작코에 사슬 3코 기둥을 세우고 한길긴뜨기와 사슬뜨기를 뜹니다. 2단부터 한길긴뜨기, 사슬뜨기, 앞걸어뜨기의 무늬 뜨기를 41단까지 뜹니다. 색상 배색은 브라운색, 옐로그린색, 연청회색, 인디핑크색, 그린색 순으로 반복해서 뜹니다.

3 ∞ 가장자리 뜨기
브라운색 실로 짧은뜨기 사슬 3코 피코 빼뜨기를 위, 아랫부분에 1단을 떠서 마무리합니다.

163코 시작

← 41
→ 4
← 3
→ 2
← 1

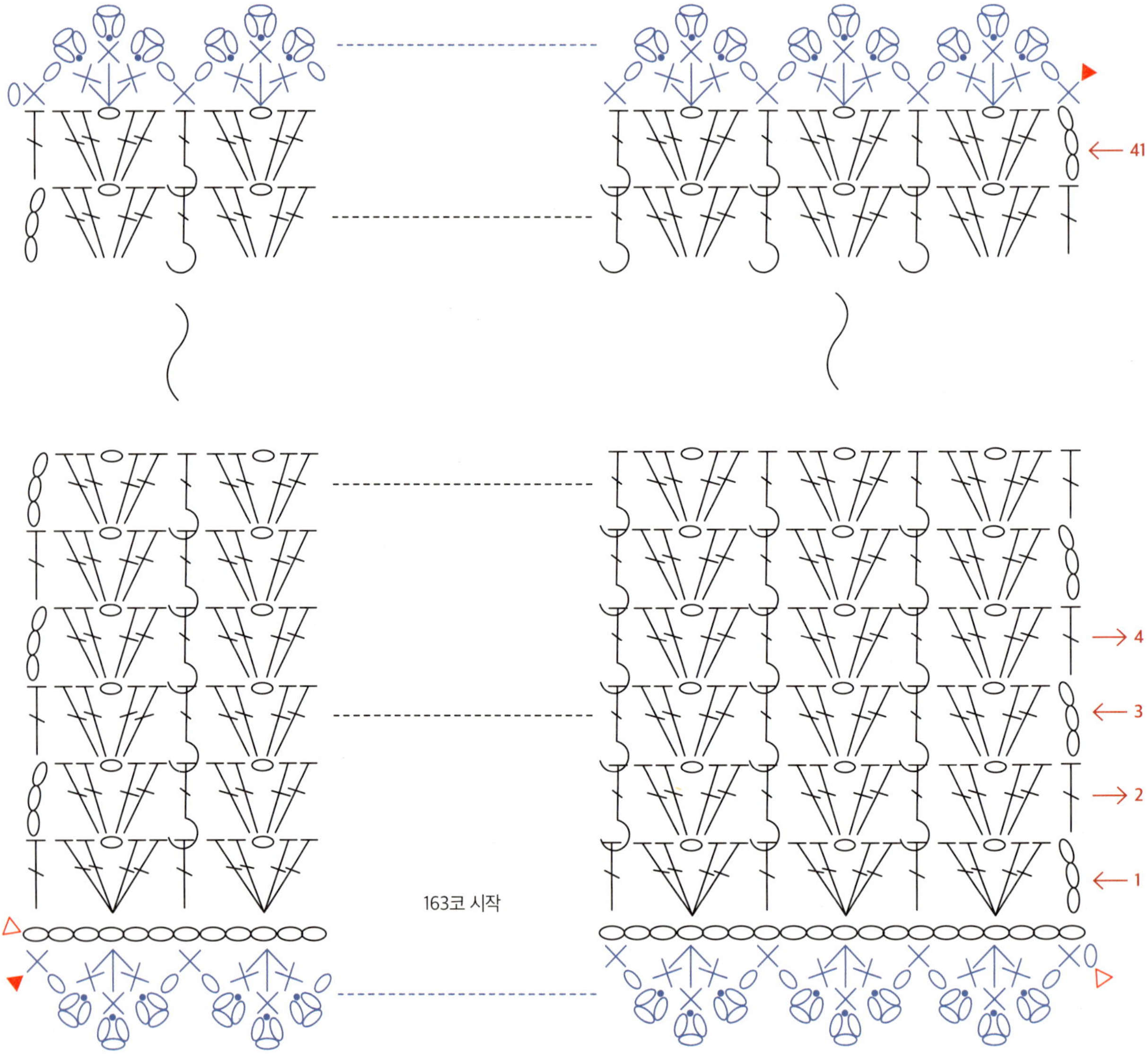

▷ 시작코
▶ 마무리코

가장자리 뜨기

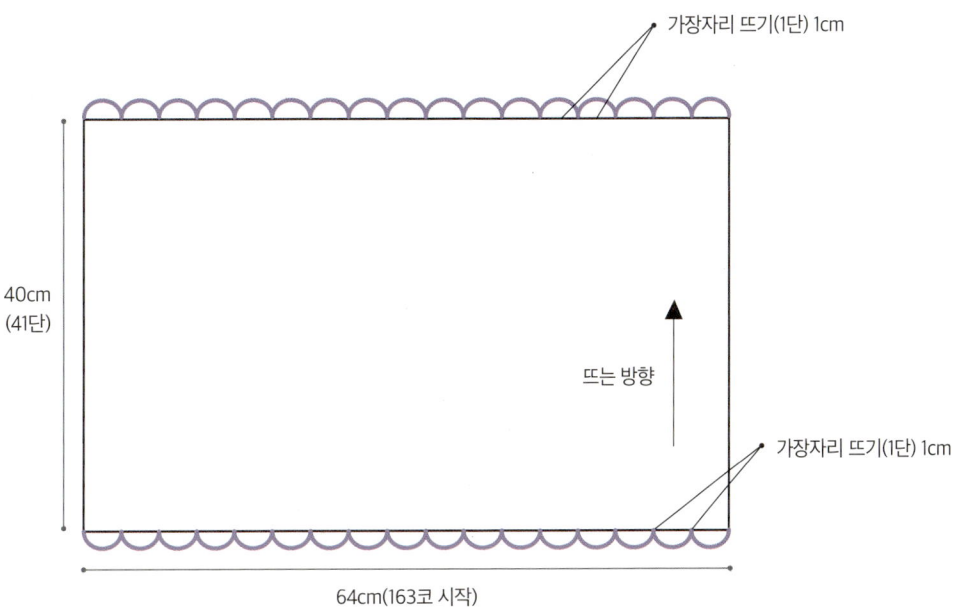

가장자리 뜨기(1단) 1cm

40cm
(41단)

뜨는 방향

가장자리 뜨기(1단) 1cm

64cm(163코 시작)

큐브 블랭킷

완성 사이즈
가로 95cm, 세로 107cm

● 불규칙한 네모를 이어 완성한
큐브 블랭킷

겨울은 물론 한여름에도 에어컨 바람이 싫다면
찬바람을 막아주고, 몸을 따뜻하고 포근하게 감싸주는
블랭킷을 만들어볼까요?

READY

울사(연베이지색 포함 9가지 색상)

† 바늘

코바늘 5호, 돗바늘

HOW TO MAKE

1 ∞ 모티브 뜨기
사슬뜨기 5코로 원형코를 만듭니다. 원형코에 사슬 3코 기둥을 세우고 한길긴뜨기와 사슬뜨기로 1단을 뜹니다. 2단부터 한길긴뜨기로 매 단마다 16코씩 늘리면서 5단까지 뜹니다. 6단째는 사슬 3코 부분에 한길긴뜨기 7코를 뜹니다. 취향대로 다양하게 색상을 배색하면서 56개의 모티브를 뜹니다.

2 ∞ 모티브 연결하기
연베이지색 실을 돗바늘에 꿰어 한 코 감아잇기로 56개의 모티브를 연결합니다.

3 ∞ 가장자리 뜨기
연베이지색 실로 한길긴뜨기 1단, 한길긴뜨기 1코 교차뜨기 1단, 짧은뜨기 1단을 떠서 블랭킷을 완성합니다.

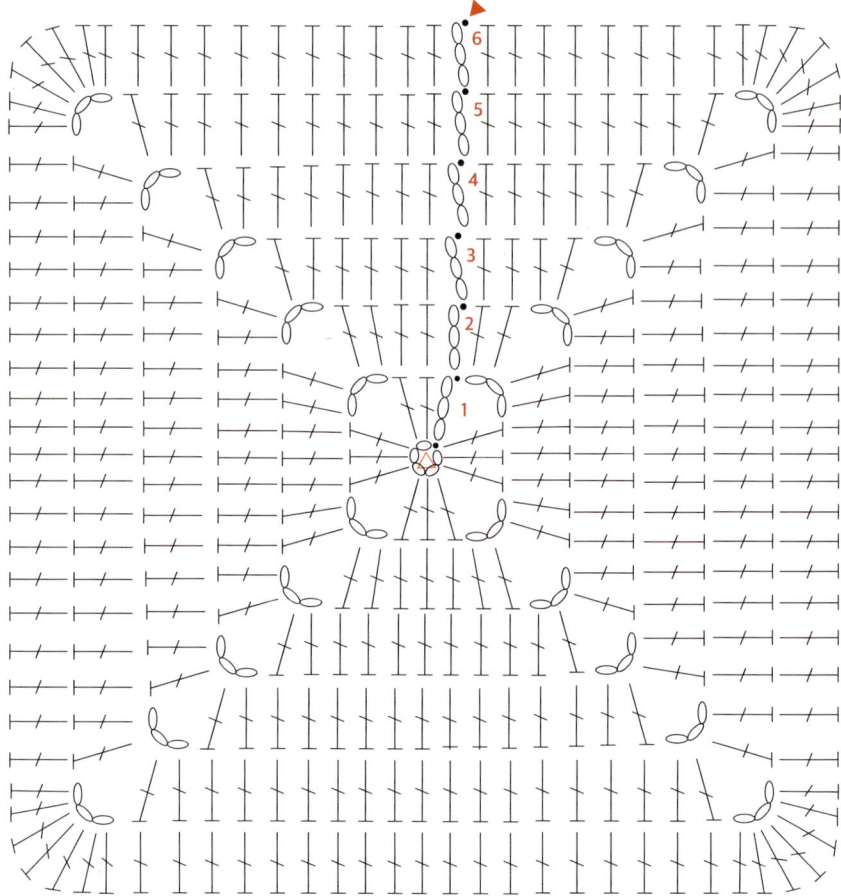

1	2	3	4	5	6	7
8	9	10	11	12	13	14
15	16	17	18	19	20	21
22	23	24	25	26	27	28
29	30	31	32	33	34	35
36	37	38	39	40	41	42
43	44	45	46	47	48	49
50	51	52	53	54	55	56

● 가장자리 뜨기(3단)

● 한 코 감아잇기로 연결합니다.
 (연베이지색 실)

107cm
95cm

▷ 시작코
▶ 마무리코

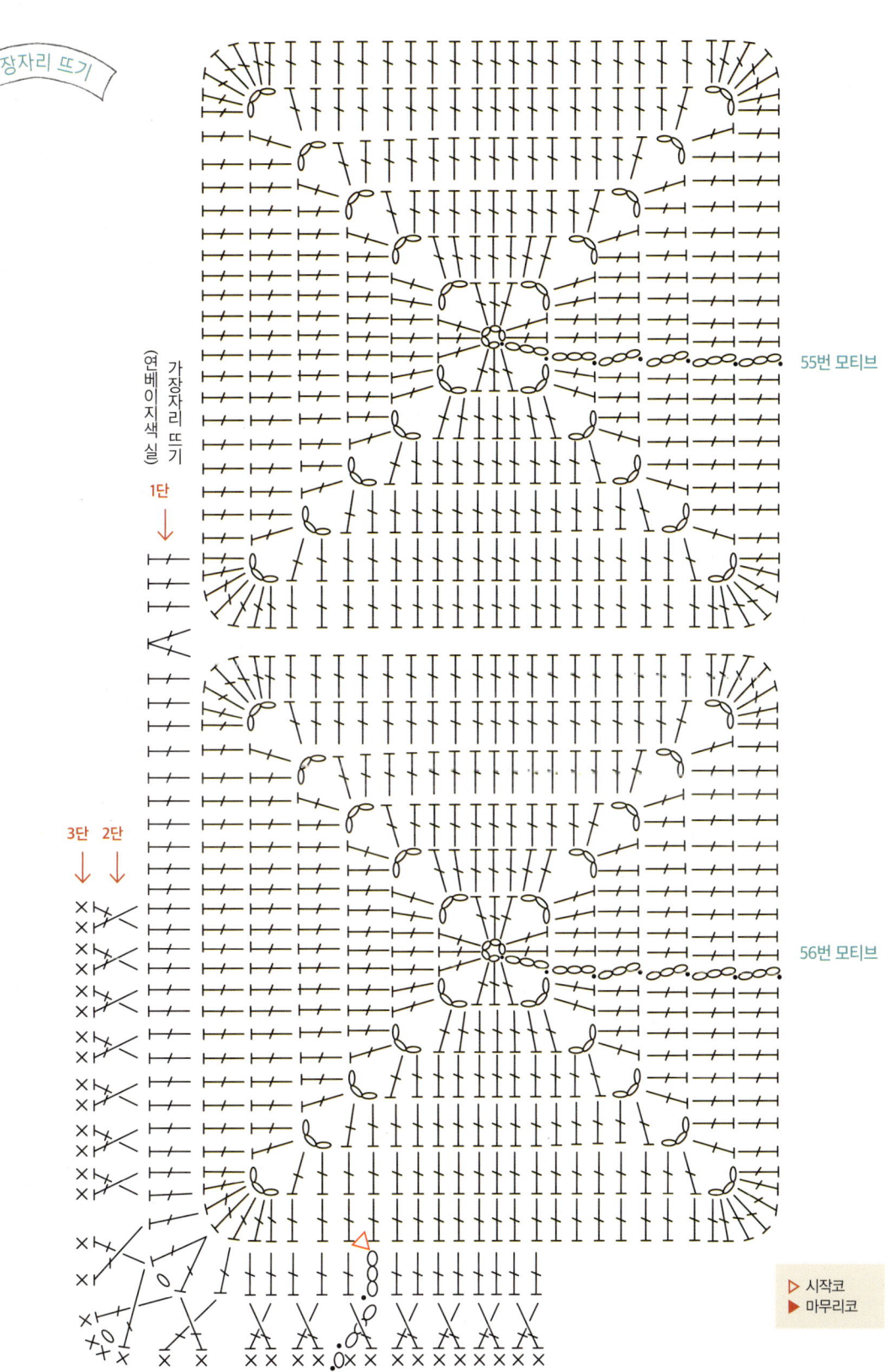

동그라미 블랭킷

완성 사이즈
가로 85cm, 세로 96cm

- 원형 디자인으로 세련된 느낌을 살린
동그라미 블랭킷

동그라미 속의 동그라미 문양을 줄기뜨기로 표현하여 입체감을 더해 보았습니다.

READY

울사(인디핑크색, 그린색, 진하늘색, 황토색, 보라색, 백아이보리색)

† 바늘

코바늘 5호, 돗바늘

HOW TO MAKE

1 ∞ 모티브 뜨기

사슬뜨기 5코로 원형코를 만든 후 사슬 3코 기둥을 세우고 한길긴뜨기를 뜹니다. 2단부터 4단까지 매 단마다 12코를 늘리면서 한길긴뜨기 줄기뜨기를 뜹니다. 146페이지 도안을 참고하여 백아이보리색 실로 5단에서 7단까지 뜹니다. 취향대로 다양하게 동그라미 부분의 색상을 배색하면서 42개의 모티브를 뜹니다.

2 ∞ 모티브 연결하기

백아이보리색 실을 돗바늘에 꿰어 반 코 감아잇기로 42개의 모티브를 연결합니다.

3 ∞ 가장자리 뜨기

백아이보리색 실로 한길긴뜨기 4단을 뜨고, 보라색 실로 한길긴뜨기 1단과 짧은뜨기 1단을 뜹니다. 7단은 그린색 실로 짧은뜨기 1단을 떠서 블랭킷을 완성합니다.

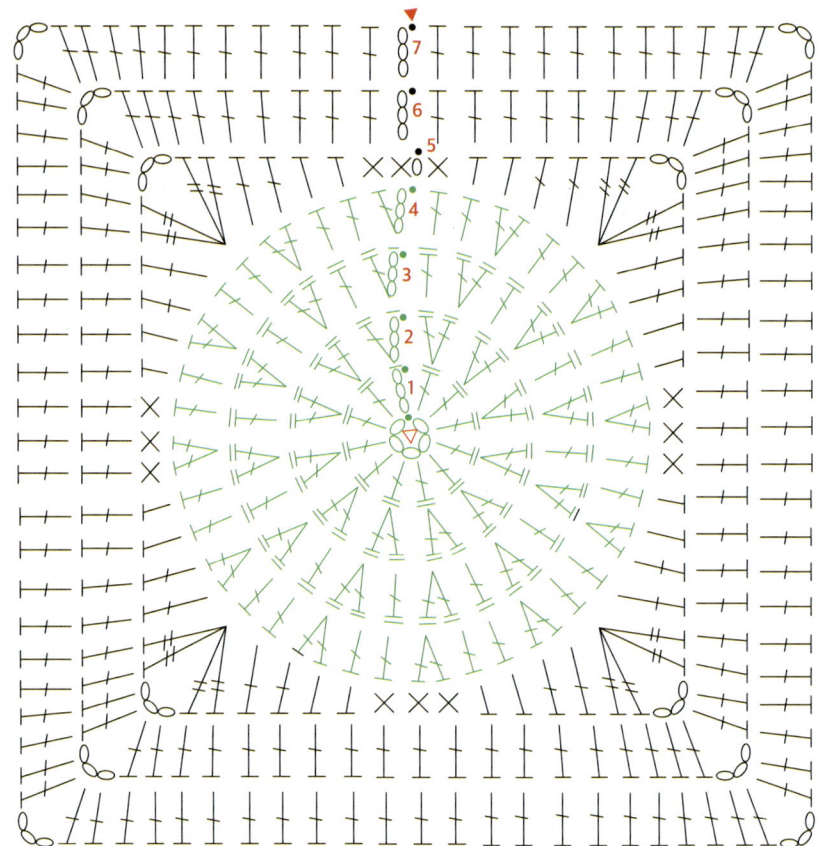

▷ 시작코
▶ 마무리코

1	2	3	4	5	6
7	8	9	10	11	12
13	14	15	16	17	18
19	20	21	22	23	24
25	26	27	28	29	30
31	32	33	34	35	36
37	38	39	40	41	42

• 가장자리 뜨기(6단)

• 반 코 감아잇기로 연결합니다.
  (백아이보리색 실)

96cm

85cm

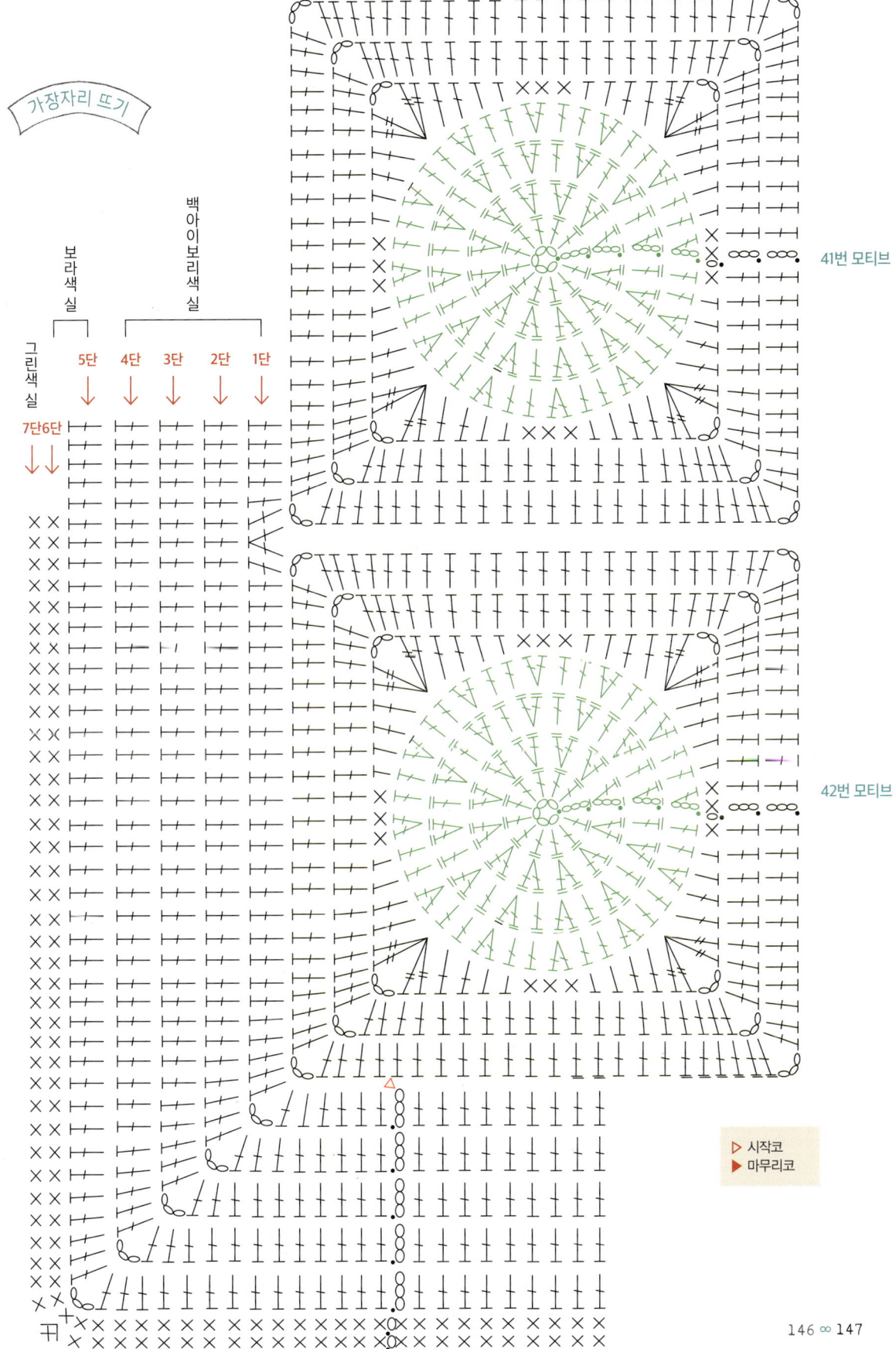

컨트리 스타 블랭킷

완성 사이즈
가로 100cm, 세로 113cm

꿈과 별을 담은 색색의
컨트리 스타 블랭킷

아이들 방에 두거나 캠핑 갈 때 준비해두면
유용하게 사용할 수 있습니다.

READY

울사(연베이지색 포함 14가지)

† 바늘
코바늘 5호, 돗바늘

HOW TO MAKE

1 ∞ 모티브 뜨기

사슬뜨기 5코로 원형코를 만든 후 사슬 3코 기둥을 세우고 한길긴뜨기를 뜹니다. 150페이지 도안을 참고하여 줄기뜨기, 한길긴뜨기, 두길긴뜨기로 6단까지 뜹니다. 별, 원, 네모 부분을 취향대로 다양하게 색상을 배색하면서 56개의 모티브를 뜹니다.

2 ∞ 모티브 연결하기

연베이지색 실을 돗바늘에 꿰어 반 코 감아잇기로 56개의 모티브를 연결합니다.

3 ∞ 가장자리 뜨기

1, 2단은 자주색 실, 3~7단은 연베이지색 실로 한길긴뜨기를 뜹니다. 8, 9단은 진청색 실로 짧은뜨기와 뒤로 짧은뜨기를 떠서 블랭킷을 완성합니다.

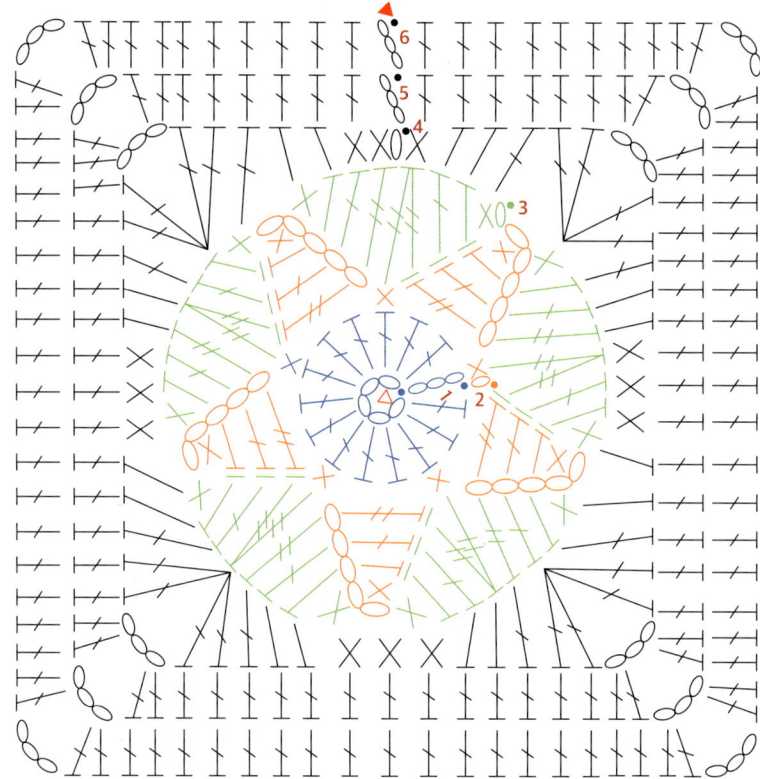

▷ 시작코
▶ 마무리코

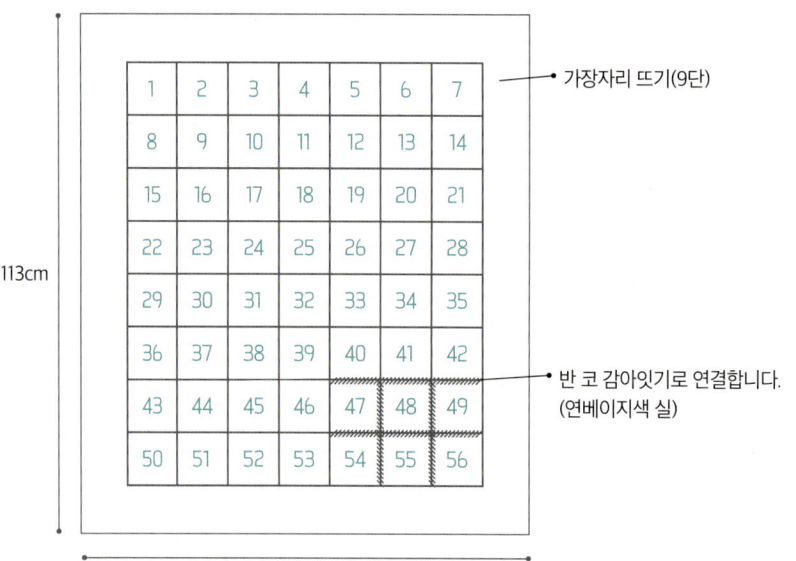

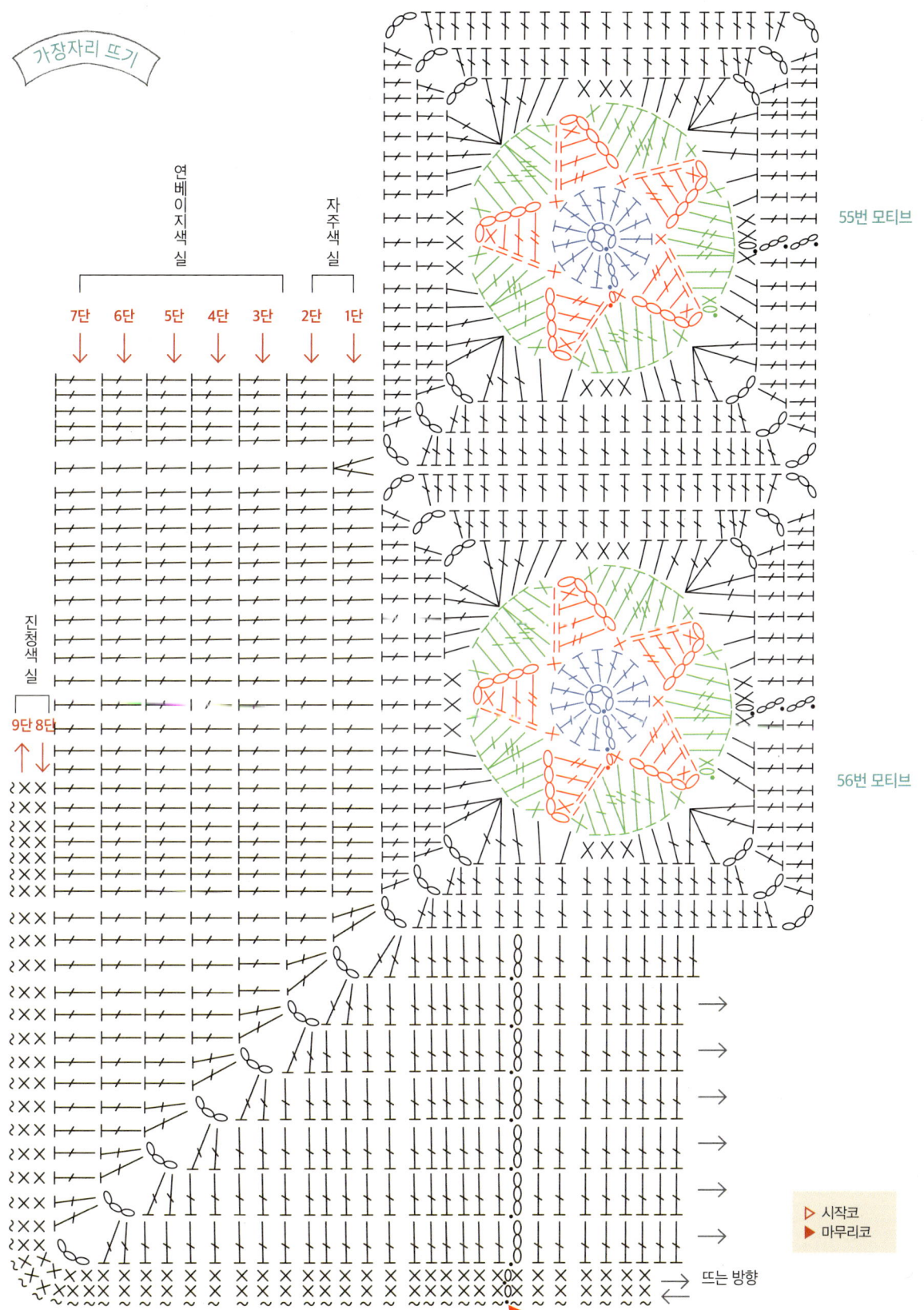

헥사곤 러그

완성 사이즈
넓은 쪽 120cm, 좁은 쪽 100cm

🌸 전통적인 육각형 디자인을 응용한
헥사곤 러그

안정적인 헥사곤 문양에 다채로운 색상을 더하여 거실 또는 실내 어느 곳에 두어도 스타일리시한 공간 연출이 가능합니다.

READY

면사(아이보리색, 연회색, 연하늘색, 연두색, 다홍색, 자주색, 황토색, 브라운색, 파란색) 2겹

† 바늘

코바늘 6호, 돗바늘

HOW TO MAKE

1 ∞ 모티브 뜨기

면사 2겹을 감아 원형코를 만듭니다. 원형코에 짧은뜨기 1단을 뜨고 사슬뜨기와 짧은뜨기로 11단까지 뜹니다. 이때 짧은뜨기의 코가 10코가 되도록 늘리면서 뜹니다. 취향대로 다양하게 색상을 배색하면서 52개의 모티브를 뜹니다.

2 ∞ 모티브 연결하기

155페이지 그림을 참고하여 짧은뜨기 10코 부분을 돗바늘에 면사 1겹을 꿰어 한 코 감아 잇기로 연결합니다. 52개의 모티브를 연결해서 러그를 완성합니다.

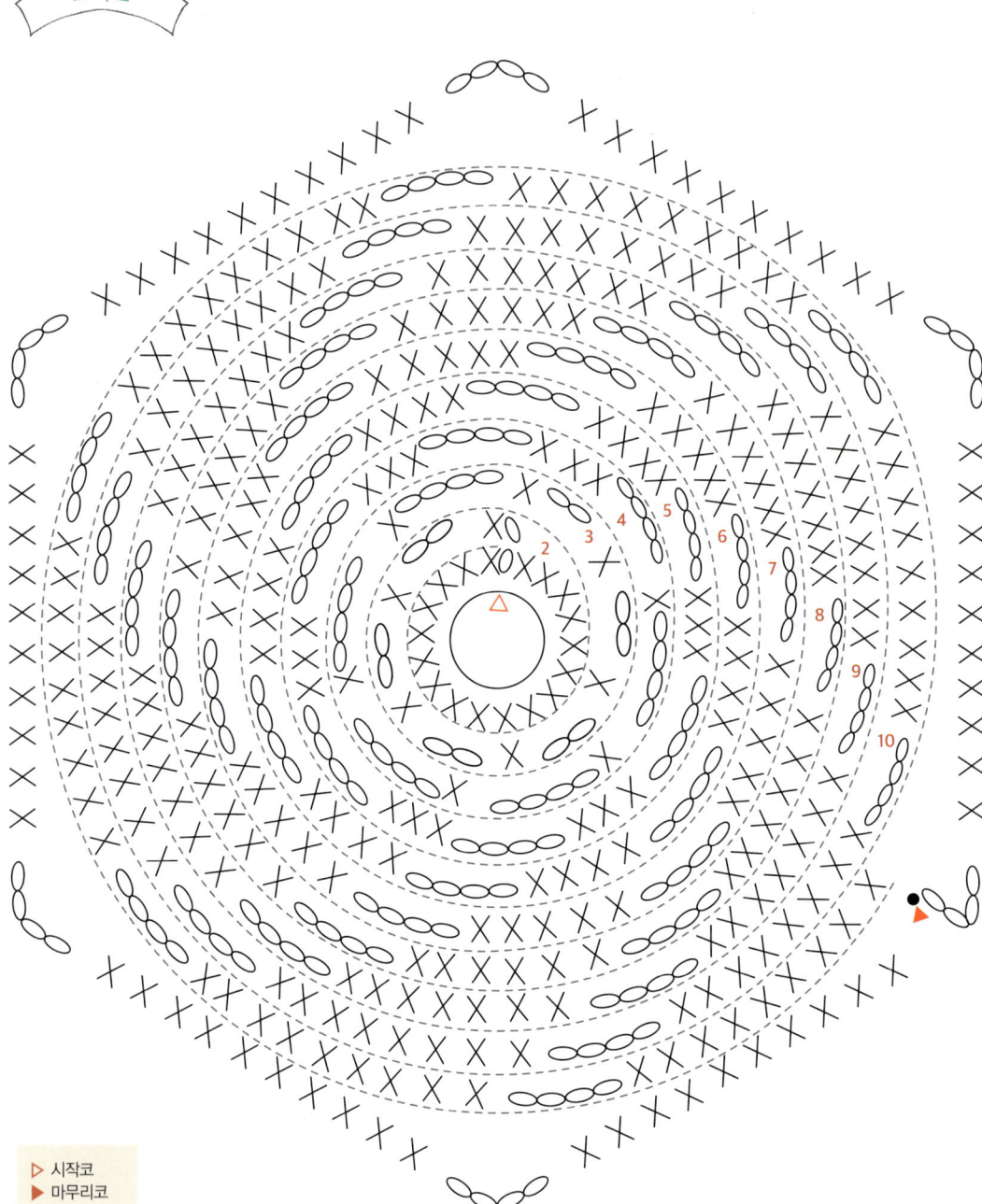

▷ 시작코
▶ 마무리코

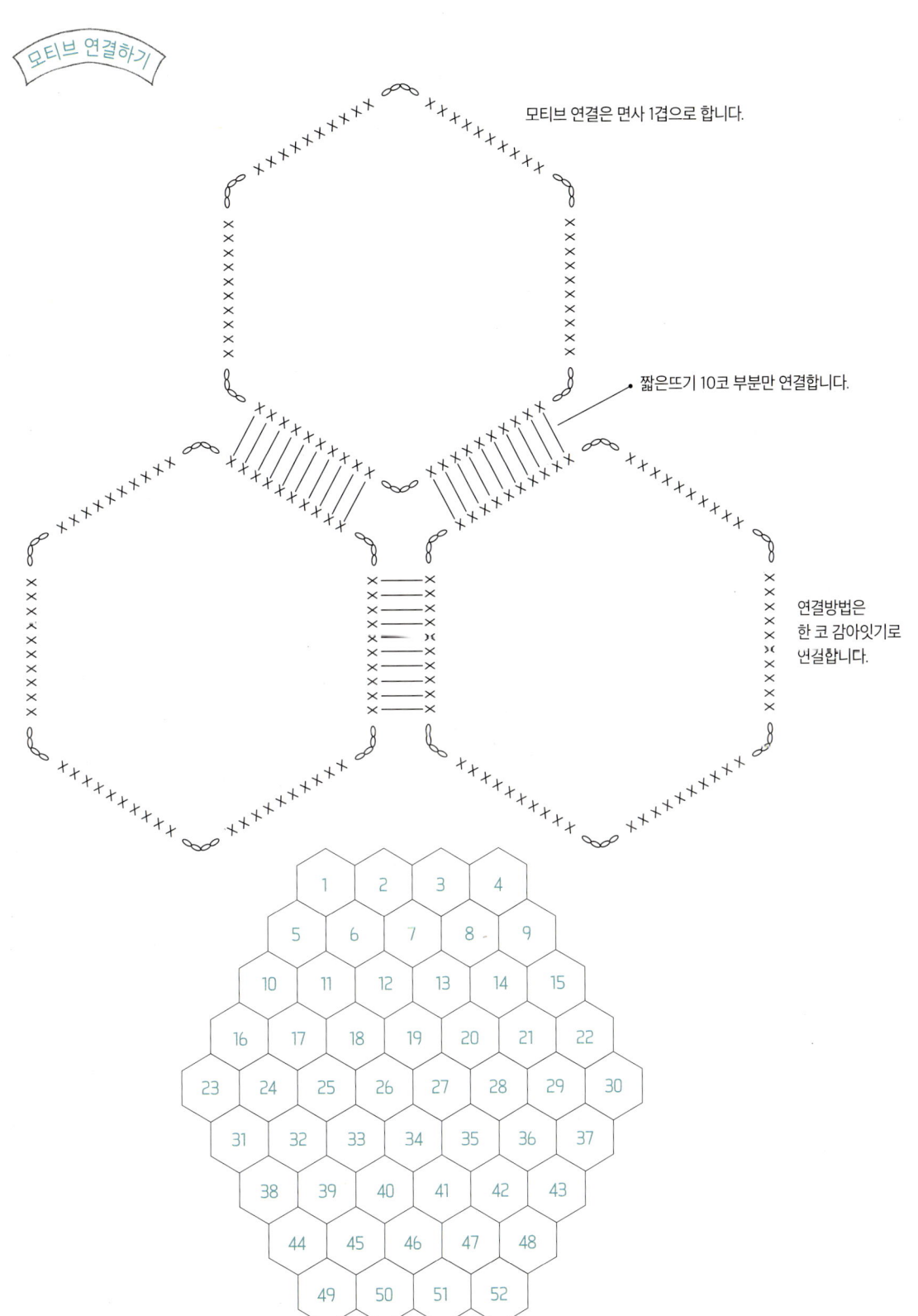

로제의
빈티지 손뜨개

초판 1쇄 발행 2015년 11월 20일
초판 3쇄 발행 2018년 10월 15일

지은이 김정미
펴낸이 이지은
펴낸곳 팜파스
기획·진행 이진아
편집 정은아
일러스트 정은영
디자인 지선 디자인연구소
마케팅 정우룡
인쇄 (주)미광원색사

출판등록 2002년 12월 30일 제10-2536호
주소 서울시 마포구 어울마당로5길 18 팜파스빌딩 2층
대표전화 02-335-3681   **팩스** 02-335-3743
홈페이지 www.pampasbook.com | blog.naver.com/pampasbook
이메일 pampas@pampasbook.com | pampasbook@naver.com

값 15,800원
ISBN 979-11-7026-052-3 13590

ⓒ 2015, 김정미

- 이 책의 일부 내용을 인용하거나 발췌하려면 반드시 저작권자의 동의를 얻어야 합니다.
- 잘못된 책은 바꿔 드립니다.

이 도서의 국립중앙도서관 출판예정도서목록(CIP)은 서지정보유통지원시스템 홈페이지
(http://seoji.nl.go.kr)와 국가자료공동목록시스템(http://www.nl.go.kr/kolisnet)에서
이용하실 수 있습니다.(CIP제어번호: CIP2015028888)